la petite vermillon

Aux Deux Magots

De la bonneterie à la limonade

DU MÊME AUTEUR

À LA TABLE RONDE

Escales
Vagabondages littéraires dans Paris
Petite Anthologie de la poésie ferroviaire
Montparnasse, l'âge d'or (édition complétée)
Montmartre, gens et légendes
Saint-Germain-des-Prés
En remontant le boulevard
Champs-Élysées

AUX ÉDITIONS DENOËL

Le Roman du Printemps, histoire d'un grand magasin
Lever de rideau, histoire des théâtres privés de Paris
Montparnasse, l'âge d'or
La Tour Eiffel, un siècle d'audace et de génie
L'Aventure Peugeot

En collaboration avec Jean des Cars

L'Orient-Express, cent ans d'aventures ferroviaires. Couronné par l'Académie française
Le Transsibérien, l'extrême Orient-Express
Le Train bleu et les Grands Express de la Riviera
Les Trains des rois et des présidents
L'Aventure de la malle des Indes

Suite de la liste en fin d'ouvrage.

Jean-Paul Caracalla

AUX DEUX MAGOTS

De la bonneterie à la limonade

Édition établie par Laurence Caracalla

La Table Ronde
26, rue de Condé, Paris 6e

Le dessin des mandarins (page 13) est reproduit avec l'aimable autorisation du café des Deux Magots.

editionslatableronde.fr

Il était né à deux pas ou presque. Mon père venait-il, petit garçon, contempler les terrasses des Deux Magots ? Était-il entré en culottes courtes dans le café mythique ? Lorsqu'il me relatait son enfance, elle se déroulait plus souvent sur les Grands Boulevards, où sa mère aimait déambuler et, les jours fastes, emmener ses cinq rejetons assister aux représentations des pièces de Sacha Guitry, son auteur fétiche. Saint-Germain-des-Prés, ce fut pour plus tard, me semble-t-il. Quand, jeune homme, féru de littérature, il espérait croiser ceux qui le faisaient rêver, sans imaginer qu'il serait un jour le complice de ces écrivains germanopratins.

Jean-Paul Caracalla était amoureux fou de sa ville natale. Ses nombreux livres sur Paris en témoignent. Aucun quartier n'avait de secret pour lui. Adolescent, il s'arrêtait aux stations de métro dont le nom lui était inconnu pour partir à la découverte de nouveaux paysages. Tout lui plaisait à Paris, des tours du XIIIe arrondissement, qui, disait-il, avaient un certain charme, jusqu'à Saint-Germain-des-Prés où il revenait toujours.

C'était son paradis. L'église de la place, son repère ; les Deux Magots, son lieu de rendez-vous attitré. Il y avait « sa » table, près des deux mandarins chinois, et gare à ceux qui s'imaginaient pouvoir se l'approprier. Il fallait voir sa mine déconfite, quand, en pénétrant dans le café, il voyait qu'un quidam s'y était installé. L'intrus avait droit à son regard furieux et les serveurs, embarrassés par cette terrible bévue, devaient faire preuve de grande diplomatie, pour convaincre l'inconscient de se déplacer.

Aux Deux Magots, il avait ses habitudes. Les serveurs l'appelaient par son nom, redoublaient de gentillesse en lui servant son chablis premier cru. La pâtissière était aux aguets et, dès le plat principal avalé, se précipitait pour tendre vers lui son plateau de gâteaux multicolores. Il n'était pas très gourmand mais, pour lui faire plaisir, se laissait tenter par le baba accompagné de son pot de rhum.

Jacques Mathivat, le maître des lieux, accompagné de sa fille Catherine, venait parfois le rejoindre, discutant de tout, riant de ses blagues de carabin, entourant son ami d'une affection sincère. Car mon père connaissait la famille depuis des lustres.

En 1972, il était devenu le secrétaire général du prix des Deux Magots, animateur joyeux et peu autoritaire de cette petite troupe de journalistes et d'écrivains, chargés de couronner un roman de qualité oublié par les Goncourt, Femina et autres Médicis. Son ami Henri Philippon, colosse méridional, homme modeste et chaleureux, fondateur du prix en 1933, l'avait embarqué dans cette aventure. Philippon, Ponpon pour les intimes, n'était pas seulement un homme de lettres, il était aussi maître queux amateur et régalait ses amis de ses plats du terroir. Si ce bon vivant ne rigolait plus quand il était question de gueuleton, il plaisantait sur tout le reste. Ses discussions sur les livres aimés ou détestés faisaient le spectacle. Je sais que chaque année, lorsqu'il annonçait le nom du lauréat du prix, mon père avait une pensée pour Ponpon disparu en 1981.

La présence des statues des deux magots aura longuement turlupiné Jean-Paul. Habitué à rechercher et à trouver les secrets les mieux gardés, il n'aura jamais pu percer les leurs. Ce qui ne l'empêchait pas de les regarder avec tendresse tant ils avaient rencontré de poètes et de romanciers, entendu de polémiques et de déclarations d'amour.

Cette déconvenue ne le découragea pas de se lancer à la conquête de l'histoire du café des Deux Magots, de sa célèbre clientèle, de ses anecdotes, de ses petites histoires se cognant si souvent à la grande.

Quand, après sa mort, j'ai retrouvé ce manuscrit, je n'étais pas si surprise. Il était évident que mon père voudrait un jour raconter l'histoire de ce célèbre café. Sa lecture m'a émue, il n'en écrirait pas d'autres. Et j'aime l'idée que son ultime travail soit consacré à ce lieu auquel il était tant attaché.

Aujourd'hui, lorsque j'entre aux Deux Magots, je ne peux m'empêcher de jeter un coup d'œil à cette table où il me conviait parfois. Ensemble, nous discutions sans fin. J'entends encore son rire tonitruant, je me souviens de son sourire malicieux qui lui donnait un air d'enfant, de son optimisme à toute épreuve dont je n'ai pas hérité. Et chaque fois je savourais ces moments, réalisant la chance d'avoir cet homme pour père, espérant que ces rendez-vous durent toujours.

Quelques mois après sa disparition, le jury du prix des Deux Magots m'a fait l'honneur de me demander de faire partie des leurs. La plus touchante des requêtes. Je m'assois à présent à la table des jurés, sûre que, de là où il est, Jean-Paul me regarde tendrement, heureux j'espère de me voir reprendre le flambeau. À mon tour de contempler la valse habile des serveurs, la mine ravie des clients. De humer l'atmosphère parisienne, inchangée depuis des siècles, tout comme la banquette sur laquelle s'assoient touristes et habitués. Et, surtout, je me promets de ne jamais oublier ses mots si souvent répétés : le monde aura beau changer, la ville se transformer, Les Deux Magots resteront ce lieu immuable, témoin du Paris d'hier, fréquenté par le Paris d'aujourd'hui.

LAURENCE CARACALLA

À Jacques Mathivat
In memoriam (1932-2012)

Le rendez-vous des écrivains

Ils viennent, ou sont venus aux Deux Magots s'asseoir sous les immarcescibles mandarins du café. Point de repère littéraire, Saint-Germain-des-Prés offre aux visiteurs arrivant des quatre coins du globe la certitude de retrouver immuables, au n° 6 de la place du même nom, la salle et ses magots, les robustes tables, qu'un garçon, gilet noir et tablier blanc, rééquilibre à la demande en se mettant à croupetons.

Rien d'étonnant, dès lors, de voir Alberto Moravia de passage à Paris y prendre son petit déjeuner en charmante compagnie. L'auteur du *Mépris* semblant heureux de faire découvrir à sa jeune et jolie amie un grand café de Paris, dont le seul nom évoque bien davantage que les boutiques du faubourg Saint-Honoré.

Italo Calvino et Umberto Eco y ont eux aussi leurs habitudes, comme naguère Aldous Huxley et Georges Neveux, dans les années trente. Ces deux-là n'attendaient même pas d'être servis pour commencer à polémiquer sur *Le Meilleur des mondes.* « Tout est pour le mieux dans le meilleur des mondes possibles », professait le Candide de Voltaire. Huxley, lui, s'interroge sur l'optimisme du philosophe français, si peu enclin à se satisfaire de son sort. Voltaire, qui se perdit en écrivant une *Henriade* à bâiller d'ennui, n'était déjà plus le brillant impertinent réduit à l'exil en 1734.

Au fond de la salle, Mario Vargas Llosa expose à un groupe d'amis hispano-péruviens de Paris les raisons qui l'ont mené à présenter sa candidature à l'élection présidentielle du Pérou en 1990.

Francis Bacon a établi ses quartiers à l'Hôtel, établissement ultrachic de la rue des Beaux-Arts, et prend son thé aux Deux Magots. Solitaire, songeur, pense-t-il au triste sort de son compatriote irlandais Oscar Wilde, qui, misérable, mourut à l'Hôtel d'Alsace, un modeste établissement métamorphosé aujourd'hui en bonbonnière pour rupins ? Oscar Wilde, l'écrivain le plus fêté de Londres et de Paris, homme prodigieux, disait André Gide qui le connut : « Wilde ne causait pas, il contait. »

Drôle et facétieux, René de Obaldia enchante non seulement ses invités, mais aussi les tables voisines. L'Académie française n'a pas le moins du monde tari l'humour déjanté du poète dans ses « obaldiableries », si comiques, si riches d'inventions, de cocasseries et de bouffonneries.

D'autres se souviendront longtemps de cette fin d'après-midi, où ils ont eu la surprise de voir arriver Jorge Luis Borges au bras de la belle María Kodama, son ultime épouse. L'illustre écrivain argentin, célébré dans le monde entier pour son refus de toute obédience politique et pour son cosmopolitisme littéraire, s'installe non loin de l'entrée, contemple le ballet des consommateurs pressés ou des garçons au plateau lourd de verres, bousculés par les indécis à la recherche d'une table libre. L'auteur de *Ferveur de Buenos Aires* semble aux aguets et, derrière d'épaisses lunettes d'aveugle, la canne coincée entre les jambes, tourne la tête en tous sens, donnant l'impression de suivre des yeux le va-et-vient qui règne dans le café.

Familier de Paris, Borges, venu ce jour-là pour discourir au Collège de France, a amusé son public en parlant de « la démystification de cet autre, son double, pour lequel, dit-il, il serait exagéré de prétendre que ses relations sont mauvaises ».

Aux Deux Magots, l'incognito – la passion de l'incognito est l'un des plus grands plaisirs des princes, observait Balzac – est de rigueur. Mais certains personnages sont si célèbres que même leur discrétion ne peut les protéger des curieux.

Si les consommateurs assistent chaque jour au spectacle du monde littéraire sans jamais montrer une curiosité déplacée, c'est qu'ils respectent infiniment l'anonymat de ceux qui se montrent discrets. Les garçons, en grands professionnels, officient avec aisance et diligence au service de cette clientèle hétéroclite.

Parmi elle, Jacques Prévert, son clope éteint sur sa lippe boudeuse, raconte une blague à Fernand Léger, dont le rire est aussi impressionnant que sa belle carrure. Elsa Triolet trottine dans l'ombre de son bel Aragon. Simone de Beauvoir, à l'écart, tricote quelques textes militants pour les lectrices d'un grand hebdomadaire féminin. Quant à Sartre, il ne se montre plus guère, ni aux Deux Magots, ni au Flore. Sans cesse sollicité par les passants, il ne se risque plus à remonter le boulevard Saint-

Germain et préfère emprunter les rues Saint-Benoît et Jacob pour se rendre chez Gallimard, son éditeur.

Jean Genet, « le voyou magnifique », débarque parfois en coup de vent, serre des mains. Lui qui n'a jamais cherché à faire partie du monde littéraire tombe ici dans un nid d'écrivains. Il jette un coup d'œil circulaire et s'enfuit comme un voleur !

Le café, une passion parisienne

Les cafés ont toujours été le lieu favori des Parisiens qui, dès les premiers beaux jours, aiment à lézarder aux terrasses, siroter un verre sous le soleil printanier, profiter de ces instants bénis après un hiver morose, des heures sombres passées dans un bureau, un magasin, un atelier.

Alphonse Allais fait partie de ceux-là : « J'ai toujours eu l'amour des terrasses de café, et la conception la plus flatteuse du paradis serait pour moi une terrasse de café d'où l'on ne partirait plus jamais. » Mais Allais a ses exigences : « Garçon, pas plus haut que le bord ! Un quinquina, et moins de vent ! Et faites que les passantes soient jolies. » Le facétieux humoriste n'est pas seulement célèbre pour son attachement aux terrasses, mais aussi pour ses aphorismes burlesques et autres apophtegmes des plus cocasses.

Sa fantaisie, sa bouffonnerie ont longtemps réjoui ses amis du café Napolitain, le fameux Napo des Grands Boulevards, où se retrouvaient Georges Courteline, Gaston Arman de Caillavet, Georges Feydeau, et l'improbable Ernest Lajeunesse dont le caricaturiste Sem se plaisait à croquer l'étrange accoutrement.

Un autre personnage considérable fréquentait ces lieux : Catulle Mendès, respecté par le monde des Lettres. C'était un petit homme aux cheveux longs, à la barbiche en désordre, dont la laideur simiesque n'avait cependant pas découragé Judith, la fille de Théophile Gautier, de le prendre pour époux. Comme le fils de Dieu au milieu de ses apôtres, Mendès trônait et pérorait au café, critiquant les œuvres de ses confrères, les dernières livraisons littéraires, les récents spectacles des boulevards, sous le regard admiratif et complice de ses séides.

C'est aussi au Napolitain que Gustave Téry lança, le 13 mai 1904, sans avoir le premier sou, sans bénéficier non plus de la moindre publicité, le quotidien *L'Œuvre,* le journal que « les imbéciles ne lisent pas ». Au Napo, Jean

Lorrain, grand admirateur d'Oscar Wilde, apparaissait dans de surprenantes tenues, et l'imperturbable Georges Feydeau causait avec son ami le nain génial, au lorgnon et au melon légendaires, Henri de Toulouse-Lautrec.

Alphonse Allais, hydropathe invétéré – entendez par là buveur allergique à l'eau –, n'a cessé d'ironiser sur les ravages pernicieux de l'absinthe. « Les absinthes ont toujours tort. » Allais parle de la fée verte en connaissance de cause, elle n'est sans doute pas étrangère à sa mort, survenue le samedi 28 octobre 1905. La mort, un manque de savoir-vivre, dit-il avant de disparaître comme ses amis, les poètes et chansonniers Charles Cros, Jules Jouy, Mac-Nab, tous trépassés à la fleur de l'âge d'une cirrhose. Jules Renard note d'ailleurs dans son *Journal*: « Allais ayant une phlébite, on lui a ordonné six mois de lit. Il a mieux aimé aller au café. »

Autre grand amateur des cafés: Georges Courteline. André Salmon rapporte que, lors d'une conférence donnée par l'auteur de *Boubouroche*, chacun de ses propos débutait par: « au café », « un soir au café », « un ami que j'allais rejoindre au café... » Maintes fois convié à dîner par son ami Alphonse Daudet, Courteline déclinait l'invitation, ne pouvant se résoudre à quitter son quartier, ses habitudes, ses amis les poètes Raoul Ponchon et Émile Goudeau – dont le strabisme, raconte Maurice Donnay, lui donnait un air féroce –, préférant l'Auberge du Clou de l'avenue Trudaine où le retenaient ses parties de cartes. « Quand je joue à la manille, je ne me connais plus. »

Alphonse Daudet confie un jour à son fils Léon que, pour attirer l'ami Georges chez soi, il faut aménager à domicile une terrasse de café miniature cernée de fusains, répandre de la sciure sur le sol et poser des siphons d'eau de Seltz sur des guéridons de marbre.

L'incontournable café des Deux Magots

Philosophe et historien, critique littéraire redouté, Albert Thibaudet note que la fatalité du nombre 2 s'abat sur les Deux Magots :

« Le café n'a pas une mais deux terrasses, celle du boulevard Saint-Germain et celle de la place Saint-Germain-des-Prés. Chacune a son public, son école, son esprit. Elles sont séparées par la terrasse d'angle, malcommode et peu fréquentée, comme Les Deux Magots et Lipp sont séparés par Diderot[1], comme Les Deux Magots et le Flore sont séparés par la rue Saint-Benoît. Ceux qui fréquentent indif-

1. Depuis, la statue de l'encyclopédiste, réalisée par Jean Gautherin, a été déplacée place Jacques-Copeau.

féremment, et simplement, selon le soleil, l'une et l'autre terrasse sont des bilatéraux. On ne les prendra pas au sérieux. On disait se trouver si bien aise de s'asseoir sur une chaise de l'une de ces deux terrasses, chaude comme un jardin, et lumineuse comme une salle de jeu. »

Les terrasses des Deux Magots sont remarquables, elles l'étaient pour Eugène Dabit, l'auteur d'*Hôtel du Nord*, et pour l'infatigable piéton de Paris, Léon-Paul Fargue. Pour eux, aucun doute, c'est le lieu où il faut être, où on peut croiser ces hommes qui connaissent les potins du monde de l'art. Un endroit où les passions, bien que toujours vives, se font plus feutrées, où l'indolence reprend ses droits. Fargue remarque que même les révolutionnaires, observant le dimanche matin Jacques Bainville, directeur de la très nationaliste *Revue universelle,* au sortir de la messe ne provoquaient jamais le moindre esclandre : « Ces lieux n'incitent pas au pugilat, les opinions s'y croisent avec courtoisie. »

Dans son récit autobiographique, *Le Monde et ma caméra*, Gisèle Freund, photographe des écrivains, évoque sa manie de rédiger au dos de ses clichés un souvenir personnel de chacune de ses rencontres. Derrière un portrait de Fargue, elle note : « L'atmosphère de Léon-

Paul Fargue c'était Paris tout entier mais plus spécialement à cette époque Montparnasse et Saint-Germain-des-Prés. Paris lui appartenait comme il appartenait à Paris. Je suis né, confessait-il, à cette époque lointaine où on faisait encore l'amour dans les fiacres. »

Dans *Souvenirs sans fin*, André Salmon rappelle son goût pour Les Deux Magots : « J'y côtoyais alors des écrivains, des artistes, des Anglais, des Américains, cette clientèle anglo-saxonne se composant surtout d'esthètes, arrivant tout droit de Florence pour visiter l'atelier d'Eugène Delacroix de la place de Furstemberg, ou bien flâner jusqu'à la librairie des frères Briffaut, où le touriste pouvait faire l'emplette d'un manuel sur l'art du contrepet, excellente manière de se perfectionner dans l'exercice de la langue française. »

Les Américains ont fait des Deux Magots leur QG préféré. Nombre d'entre eux aimaient à s'y installer, ayant le sentiment de devenir pour quelques heures de vrais Parisiens.

Il était ainsi le terrain familier de Sinclair Lewis, futur lauréat du prix Nobel de littérature (1930) qui, de passage à Paris, aimait converser à sa terrasse avec son éditeur français Jacques Boutelleau, alias Jacques Chardonne, patron, avec son ami Maurice Delamain, des éditions Stock.

Mais l'auteur de *Babbitt* côtoyait alors bien d'autres compatriotes établis à Montparnasse : Ernest Hemingway, Ezra Pound, T.S. Eliot, Robert McAlmon… que cette virago de Gertrude Stein surnommait la « génération perdue ».

Sortant de Shakespeare and Co, la librairie créée par Sylvia Beach, éditrice de son *Ulysse*, James Joyce quittait à pied le 12 de la rue de l'Odéon pour filer s'attabler à l'une des terrasses des Deux Magots. Comme Vladimir Nabokov qui ne manquait jamais de s'y montrer lors de ses séjours parisiens. Et c'est à Paris que l'écrivain américano-russe imagina les amours scandaleuses d'Humbert Humbert et de sa très jeune amante. *Lolita*, livre culte des nympholeptes, provoqua à l'époque un tel scandale que la censure française faillit en interdire la vente pour cause de débordements érotiques et pornographiques. À cette même époque, Nabokov aimait venir aux Deux Magots débattre du cinéma soviétique avec les émigrés russes de Paris.

En terrasse comme en salle, le patron veille à la bonne tenue de sa clientèle. Strict sur la mise, il n'accepte pas le laisser-aller, redoutant que le débraillé des consommateurs donne une image fâcheuse de son établissement.

En 1922, Louis Aragon en a fait les frais : apparu sans veste, il fut raccompagné illico vers la sortie. Même déconvenue pour le critique de théâtre Jean Barreyre : « Pour avoir eu la prétention d'y entrer sans veston en plein juillet, je me faisais foutre à la porte des Deux Magots. » Mais aucun d'entre eux n'aurait déserté une telle terrasse où, si l'on étouffait dans son costume, on savait pouvoir y déguster un apéritif très généreusement servi.

Dans ces années vingt, tandis que sonne le glas de l'abbaye toute proche, annonciateur de cérémonies funèbres, d'élégants messieurs retrouvent ici de séduisantes créatures, cheveux courts et nuque rasée, que la caissière du café, admirative, accueille avec empressement.

Jean Bruller, qui ne s'est pas encore illustré sous le pseudonyme de Vercors, ni n'a publié son livre *Le Silence de la mer,* est alors un lycéen de l'École alsacienne, située dans le quartier voisin de Notre-Dame-des-Champs. Il raconte cette foule joyeuse :

« Ma jeunesse s'est déroulée toute dans ces rues, entre le boulevard Saint-Michel et la rue des Saints-Pères, la Seine et le Luxembourg, à travers ce jardin j'ai fait, enfant, plus de trois mille allers et autant de retours, et ce ne sera pas moins souvent, adulte, qu'on me verra attablé, au moins une heure aux Deux Magots. Car le spectacle était captivant, pour un jeune homme, du va-et-vient des écrivains célèbres, de ceux qui le devenaient, de ceux qui le deviendraient. Dans l'euphorie de 1925, Les Deux Magots, ce lieu, élu de toutes les affluences, comme les meilleurs souvenirs l'emportent sur les autres, c'est assis au soleil que je me revois, plus souvent qu'attablé à l'intérieur, à la moindre éclaircie, le Tout rive gauche s'agglutinait aux terrasses, peu le matin, mais à l'apéritif, puis jusqu'au soir, quand tomberait la fraîcheur. Le problème était d'y trouver une place, en attendant qu'une se libérât, on déambulait patiemment devant le café, et cette attente se faisait sans ennui, tant il était constant d'y rencontrer, déambulant de même, amis et connaissances. »

Quant à Gérard Bauër, il signe au *Figaro* d'exquises chroniques sous le pseudonyme de Guermantes. Il y égrène, pour ses commensaux de l'académie Goncourt, attablés, eux, chez Drouant, ses souvenirs des années trente, qu'il savait conter à merveille :

« Que de fois nous nous sommes assis aux Deux Magots avec des habitués du VIe et du VIIe arrondissement. Se retrouvaient naguère Edmond Jaloux, François Porché, riverains de la rue du Bac, Jean-Louis Vaudoyer compagnon de Jean Giraudoux et de son chien Puck, qu'il appelait Puque, pour qu'il ne fût pas trop orgueilleux. [...] L'existentialisme reposait au fond des cœurs heideggériens, et n'avait pas pris son éclat de vedette internationale [...] Il y aura peut-être, à la suite de M. Jean-Paul Sartre, une école de Saint-Germain-des-Prés qui produira, dans trente ans, autant de souvenirs qu'en ont inspirés Montmartre et le Lapin agile. »

Y a-t-il une école de Saint-Germain-des-Prés ? Tant de personnalités se sont croisées près du clocher d'une des plus anciennes églises de Paris. Sartre, Simone de Beauvoir, Camus, Genet, Blondin, Obaldia, Giacometti, Gréco, Prévert... ceux-là formaient plus une cour de récréation qu'une école. Les historiens de la littérature française décideront si, oui ou non, il subsiste une école littéraire germanopratine.

Une légende du siècle

C'est une histoire insolite que celle des Deux Magots. Elle débute en 1813 lorsqu'un marchand de tissus et de nouveautés ouvre un magasin au coin des rues de Seine et de Buci, à l'enseigne « Aux Deux Magots ». Curieuse idée que de donner à son commerce le nom des deux mandarins d'Extrême-Orient qui trônent dans son magasin ! Mais ne nous y trompons pas, Camille-Henri Desabie ne fait que suivre la vogue du néo-orientalisme qui sévit alors.

La pièce de Marcel Sewrin, *Les Deux Magots de la Chine*, créée au Théâtre des Variétés le 12 janvier 1813, se joue chaque soir à guichet fermé et provoque un engouement pour l'Empire du milieu. Le spectacle, pourtant médiocre, aura au moins cette vertu :

inspirer Desabie pour le nom à donner à son établissement, nom qui perdure encore aujourd'hui !

Desabie est convaincu que, portée par le succès de la pièce, sa boutique va attirer une clientèle chic, snob et mondaine, ainsi que les cocottes, toujours à l'affût des tendances.

Voulant répondre à cet attrait pour l'Asie, le commerçant se met au goût du jour. Il présente à la vente des coupons de toutes sortes d'étoffes, d'inspiration ou d'importation orientales, destinés à des clientes préférant au prêt-à-porter ou à la confection des créations sur mesure imaginées par leur couturière attitrée.

Pour se distinguer de ses concurrents, il a même l'idée de faire installer un grand panneau peint évoquant la référence orientaliste des produits de sa boutique. Il passe commande à Abel de Pujol, un peintre reconnu de l'académie des Beaux-Arts de Paris, qui devra montrer de manière originale l'exotisme de son établissement aux passantes à la recherche d'une toilette à la dernière mode.

Le maître, ancien élève de Jacques-Louis David, auteur du célèbre *Serment du Jeu de paume* et lauréat du Grand Prix de Rome, propose à Desabie de représenter sur une grande toile un décor oriental dans lequel évoluera une jeune personne vêtue du costume chinois traditionnel. Il est étonnant qu'Abel de Pujol, peintre des élus de Saint-Sulpice et de Saint-Roch, des plafonds du grand escalier du Louvre, de la galerie de Diane au château de Fontainebleau et de la Bourse de Paris, ait accepté de peindre cette chinoiserie futile et peu académique. Qui plus est pour un modeste marchand de tissus du VIe arrondissement. Pourtant, la toile prosaïque et commerciale de Pujol n'écorna pas la haute considération que lui témoignait le public du Salon, ni même celle de ses éminents collègues de l'Institut.

Louis Gabriel Montigny rapporte dans *Le Provincial à Paris, esquisses des mœurs parisiennes* (1825) que l'établissement de Desabie est l'un de ceux où l'on vend le plus, et note : « Le choix qu'a fait du noble quartier Saint-Germain le magasin des Magots a presque l'air d'une épigramme. »

Frou frou et fanfreluche

Le milieu du XIXe siècle est marqué par le goût d'entreprendre, goût favorisé par une nouvelle réglementation qui n'a plus rien à voir, ni de près ni de loin, avec les corporations anciennes qui régissaient jusqu'alors les diverses activités commerciales. Le magasin Aux Deux Magots s'inscrit dans cet élan, grâce aux méthodes innovantes adoptées par la nouvelle direction, après la mort de Camille-Henri Desabie en 1838.

Les mœurs de la société française ont beaucoup évolué avec la fin de la tradition féodale. Le commerce de l'habillement, qui n'échappe pas à ces changements sociétaux, est désormais à la merci des caprices de la nouveauté, où robes et jupes sont taillées dans des étoffes plus légères et flattent davantage la silhouette des femmes, qui abandonnent les tournures rigides.

Le magasin de la rue de Buci s'est déjà taillé une excellente réputation et passe pour être à la pointe de la mode. Il est vrai qu'il suit de près le goût du jour et présente sur ses étals ce qui se fait de plus élégant et de plus chic.

Dans *Le Petit Pierre*, livre de souvenirs d'Anatole France, le double de l'écrivain se rappelle sa visite dans ce temple de l'élégance féminine, en compagnie de sa mère. Émerveillé et ébloui par les ors du décor, l'adolescent découvre un monde inconnu fait de luxe et d'apparat.

Cette frénésie devant les comptoirs de chapeaux, de vêtements, d'accessoires de mode, étonne et surprend le petit Pierre. Il raconte son émoi à la vue de cet étalage de linge, de tissus somptueux, d'articles de toutes sortes :

« Le magasin me semblait d'une étendue et d'une magnificence impossibles à surpasser. Dans cet antre rempli de trésors chatoyants, la vue des étoffes, des tapis, des broderies, des plumes, des fleurs me jetait dans une sorte d'extase, et j'admirais de toute mon âme les messieurs affables et les gracieuses demoiselles qui offraient en souriant ces merveilles aux clients indécis. Quand un commis, pour servir ma mère, mesurait une étoffe sur un mètre fixé horizontalement à une tige en cuivre qui descendait du plafond, j'estimais son sort magnifique et sa destinée glorieuse. »

Adulte, il confiera : « Je suis peut-être le seul au monde à me rappeler la grande peinture à l'huile, qui servait d'enseigne aux Deux Magots, représentant une jeune et charmante Chinoise, avec ses cheveux relevés par un grand peigne et ses accroche-cœur sur ses tempes. »

Comme Aux Deux Magots, les maisons de nouveautés changent leur manière d'aborder la clientèle, en la traitant mieux. Les rapports sont désormais plus aimables, plus chaleureux, et on se montre plus empressé auprès d'elle. C'est une tout autre conception du commerce qui voit le jour.

L'entrée libre, sans obligation d'achat, est une innovation. Les prix ne sont plus fixés, comme jadis, à la tête du client – ils ne font plus l'objet de marchandage mais sont bien visibles, fermes et dûment étiquetés.

On expose dans les vitrines robes, tailleurs, manteaux, gants, chapeaux à la mode de Paris. Il faut convaincre les passantes, leur donner envie de pousser les portes du magasin afin d'examiner, de plus près, les articles convoités à la devanture. On attire le chaland par une présentation soignée des étalages.

Autre révolution dans le monde du commerce : la vente par correspondance. Cette nouvelle méthode de transaction, grâce à laquelle le client commande des articles sur catalogue, fait des débuts prometteurs et assure le développement international des affaires. Des formules sont mises en œuvre pour capter l'attention de la chalandise. On fait de la réclame, sous la forme de placards de publicité dans les grands quotidiens et les hebdomadaires, les vitrines sont particulièrement soignées et attirantes... de bonnes recettes pour se faire connaître, valoriser la marchandise et gonfler les ventes.

Le shopping, devenu une véritable tendance, ne nécessite pas seulement de présenter les dernières nouveautés, mais aussi de les proposer à des prix alléchants. Les clientes sont tenues au courant des tarifs grâce à des affichettes, prospectus et autres catalogues illustrés où sont reproduits articles de lingerie, sous-vêtements, linge de maison et de toilette, robes, corsages, jupons, et ces charmants bibis que viennent essayer les dames devant les miroirs du rayon chapeaux.

On flâne devant ces vitrines étincelantes de lumières où scintillent l'or et l'argent des bijoux fantaisie, on admire la pureté de la ligne jeune et mince des élégants mannequins de cire vêtus de robes de coupe sobre et raffinée, on découvre les toutes dernières créations inspirées de la haute couture.

Aux Deux Magots, tout est mis en œuvre pour éveiller la convoitise des clientes, leur donner une envie irrépressible d'acheter. L'éclairage, diffusé par de grands lustres aux boules de verre dépoli, magnifie les couleurs des étoffes présentées en coupons empilés dans les rayons.

Derrière les comptoirs, vendeurs et vendeuses sont aux petits soins, ils conseillent, proposent tel tissu, tel métrage pour la confection d'une nouvelle toilette… On vient de partout, de Paris et de ses environs, de province aussi. Mais ce succès n'est pas sans conséquences, ni contraintes.

Avec une gamme de marchandise de plus en plus considérable, le magasin est à l'étroit. Il faut envisager d'emménager dans des locaux plus vastes pour recevoir décemment une clientèle élégante et exigeante. Si quitter les locaux de la rue de Buci est devenu une évidence, rester dans le quartier de Saint-Germain-des-Prés l'est tout autant.

Le magasin, pendant ses premières années, avait bien grignoté un peu d'espace sur ses voisins, occupant les rez-de-chaussée des nos 17 à 23, immeubles historiques où, jadis, habitèrent le comte de Montesquiou, d'Artagnan, et Alexandre Dumas en personne. Mais ces extensions sont désormais insuffisantes pour faire face à l'afflux d'une clientèle de plus en plus importante, envahissant chaque jour le magasin de Saint-Germain-des-Prés, le plus couru de Paris.

Les recherches de locaux ne sont guère concluantes et pourtant, bon gré mal gré, le déménagement s'impose, car le bail de la rue de Buci vient à échéance en mai 1875. Jusqu'au jour où une aubaine se présente de manière fortuite et résout définitivement les problèmes et les complexités d'une nouvelle installation.

À la mort de Desabie, la société des Deux Magots est composée d'actionnaires qui veulent se projeter dans l'avenir et prennent les dispositions nécessaires pour dynamiser les ventes. Parmi eux, un homme d'affaires, rejeton d'une famille fortunée, est disposé à investir d'importants capitaux. Il présente à ses associés une opportunité magnifique : une implantation au cœur de Saint-Germain-des-Prés. En 1873, sa famille va faire ériger un bel et grand immeuble de rapport, au coin du boulevard Saint-Germain et de la rue de Rennes (aujourd'hui place Saint-Germain-des-Prés), en face du vieux clocher.

Le sous-sol, le rez-de-chaussée et l'entresol seront réservés à un magasin de nouveautés et les étages supérieurs à la location de luxueux appartements.

En attendant l'achèvement de l'édification de l'immeuble, le magasin de la rue de Buci prépare fébrilement son déménagement. La direction prend même la précaution d'assurer les deux pseudo-mandarins chinois qui seront du voyage.

Avatars et tribulations des deux magots

Rescapés de la rue de Buci, les deux magots ont pris le chemin du carrefour Rennes - Saint-Germain, apparemment sans dommage. Ils ont été plus chanceux que le portrait de la petite Chinoise peint par Abel Pujol : la grande toile n'a pas résisté à la manutention virile des déménageurs du magasin.

Mais d'où viennent-ils ? Mystère. Desabie les aurait achetés vers 1813-1814 pour les exposer dans son magasin de la rue de Buci. Les statuettes ont ensuite été transbahutées de l'ancienne boutique à celle de la place Saint-Germain. La date de leur fabrication demeure une énigme. La vie de Ramsès II, né il y a treize siècles, est plus documentée que ces mystérieux personnages. On ignore tout de leur origine : on ne connaît pas le nom de leur manufacturier. On suppose seulement qu'ils ont été sculptés et peints par un artisan au début du XIXe siècle.

Était-ce une commande ? Desabie n'a jamais eu l'occasion de révéler ni comment, ni où il avait pu les acquérir. À quel moment les a-t-il installés dans sa boutique de la rue de Buci ? Aucune archive ne le mentionne. Les a-t-il commandés pour l'ouverture ? Trouvés chez un antiquaire ? Dans un bazar ? Un bric-à-brac, une brocante ? Pas en Orient en tout cas ! Nul besoin d'être connaisseur ou spécialiste d'art oriental pour constater que nos deux magots ne sont ni d'origine chinoise, ni ne proviennent d'un quelconque pays asiatique.

L'énigme n'a jamais été élucidée et aucun des propriétaires qui se sont succédé ne semble avoir été ni troublé, ni surpris par la présence de ces deux personnages insolites fixés, à l'équerre, sur le pilier porteur de la salle, à l'endroit même où on les a placés lors de l'installation du nouveau magasin. Et ils y sont encore aujourd'hui, et ce depuis presque deux siècles malgré les différentes mutations et tribulations du magasin de nouveautés, devenu par la suite bistrot, dépôt de vin puis café liquoriste. Un véritable miracle que les différents propriétaires des locaux aient conservé sur leur perchoir, en parfait état, les deux dignitaires asiatiques...

On peut s'étonner que Pierre, le petit héros d'Anatole France, pourtant si précis dans la description du décor du magasin de la rue de Buci, ne mentionne jamais la présence des statuettes. Seul le tableau de Pujol semble avoir frappé sa curiosité. Est-ce la sémillante petite Chinoise en train de se recoiffer qui, en enflammant l'imagination, et peut-être même en éveillant les sens du jeune garçon, ne lui a pas laissé le loisir de les apercevoir ?

Mais en quoi sont-ils, ces personnages d'un autre âge ? Lors d'une des dernières cures de jouvence de la salle du café, pendant l'été 2014, les deux mandarins furent déposés, examinés, auscultés. On a pu constater que chaque personnage était composé de deux pièces de bois sculpté et peint. Assemblées et emboîtées l'une dans l'autre, elles révèlent le mystère de leur anatomie. Leurs mains sont trouées, laissant supposer qu'à l'origine chacun d'eux portait un objet. Leurs yeux, contrairement aux statues orientales, ne sont pas bridés.

Quant à leurs accoutrements, ils ne ressemblent en rien aux costumes traditionnels asiatiques. Le premier, qui fixe l'église Saint-Germain-des-Prés, est bien coiffé d'un chapeau plat, comme le veut la tradition, mais son vêtement verdâtre à fleurs, associé à un sous-vêtement rose, que l'on peut supposer de soie, est de la plus pure fantaisie ! Son voisin arbore un étrange couvre-chef, sorte de pakol, ce béret coiffé par certains Afghans. Comme son compère, il est habillé d'un surplus pistache et d'un sous-vêtement de soie bouffant. Il porte au cou un collier de grosses perles de bois et, du pouce de sa main droite, semble désigner le boulevard Saint-Germain. Assis sur un coussin, les deux compères reposent sur des socles décorés de grecques où pendent des clochettes sans doute tibétaines. L'ensemble est disparate, hétéroclite, totalement extravagant !

Ils sont si imperturbables, ces deux magots.

Dans son livre *Paris-sur-Seine*, Alexandre Arnoux de l'académie Goncourt, auteur de nombreux livres sur Paris et fervent amoureux de la capitale, s'est amusé à baptiser les deux magots Sou-Ché et Tchou-Si, et à les faire parler.

« Depuis combien d'années trône-je parmi les Barbares blancs ? dit Sou-Ché, je l'ignore. Le temps est à la mesure de la terre prise par l'astre du feu. Ma patience et mon immobilité ne se mesurent pas. Pourtant il me souvient d'avoir présidé à d'autres fêtes que celles de la soif nonchalante, de la lecture des journaux, de la discussion grammaticale et prosodique, aujourd'hui les garçons de café en veste courte d'alpaga, chemises et tabliers blancs, cormorans mâtinés de cygne, servent des boissons de rubis, de jade, de topaze, à des poètes-calligraphes très bavards, à des mandarins du pinceau et de la plume. »

Le compagnon de Sou-Ché lève l'index de la main droite, regarde vers le sud le passage des camions et des autobus qui font trembler les stores et frémir les vitrages. Son frère Sou-Ché croise sagement ses mains sur ses genoux, tourne ses yeux vers l'est, et regarde l'église Saint-Germain-des-Prés.

Taciturne, Tchou-Si lui parle de temps à autre, la nuit, lorsque tout dort, lorsque les chaises sont posées pattes en l'air sur les tables de la salle déserte, et que seuls veillent les siphons, oiseaux héraldiques argentés.

Sou-Ché médite : « Les heures que mon compagnon ne consacre pas à ces observations, il les emploie à tenter de déchiffrer une énigme : les caractères du store de toile qui abrite la terrasse de notre palais, protégeant de la chaleur les buveurs paresseux des mois heureux et ensoleillés, et qui emprisonne l'hiver la fumée des braséros à cheminée de tôle ; sur cette bande d'étoffe, on peut lire en caractères romains, d'ordinaire dépourvus de mystère, ces mots : stogaM xueD sed éfaC. »

Sou-Ché percera le mystère du texte de l'enseigne, bien plus tard, à l'issue d'une échappée nocturne, une aventure insensée à travers Paris.

Quelle anxiété pour Tchou-Si quand il voit son compagnon déserter son poste pour se mêler au monde des vivants, instant miraculeux, oser descendre de son perchoir pour arpenter les rues, traverser avenues et boulevards, franchir les ponts, parcourir les quais de la Seine…

Au petit jour, épuisé de fatigue, Sou-Ché arrive devant la terrasse du café et, là, voit sur la vitre le texte mystérieux qui ne cessait de le tarabuster. Examinant attentivement cette phrase énigmatique, il l'épelle lentement et déchiffre enfin ces quatre mots : « Café des Deux Magots » !

Aujourd'hui, qui pourrait imaginer le grand café de Saint-Germain-des-Prés sans ces deux personnages ? Ce sont eux qui assurent une muette vigilance, perpétuent la légende et sont chers au cœur de tous les familiers des Deux Magots. Leur chance est de ne jamais avoir été descellés de leur socle malgré les multiples changements de propriétaires. Les considéraient-ils comme un bien inaliénable dont ils ne pouvaient pas disposer à leur guise ?

En leur conservant une place d'honneur, en privilégiant le nom des deux mandarins comme enseigne et raison sociale, Auguste Boulay a-t-il pressenti, en rachetant en 1914 le bistrot en perdition sis 6, place Saint-Germain, que ces personnages allégoriques, plutôt insolites dans un tel environnement, deviendraient un symbole, un talisman sinologique, entraînant la prospérité et le rayonnement international de son établissement ? Que ce café allait être l'un des hauts lieux de Saint-Germain-des-Prés, un rendez-vous littéraire, le cœur même de l'intelligence, du talent et de l'esprit ?

Quand les mammouths écrasent les petits

Les deux mandarins ne suffisent pas, hélas, à faire fructifier les affaires. L'ouverture des grands magasins inquiète le célèbre commerce situé place Saint-Germain-des-Prés. En effet, les inaugurations se succèdent durant tout le XIXe siècle: Aux Trois Quartiers (1827), Au Bon Marché (1838), Le Louvre (1855), Bazar de l'Hôtel de Ville (1856), Printemps (1865), Samaritaine (1865), Belle Jardinière (1867), Galeries Lafayette (1893). L'époque amorce une évolution radicale dans la façon d'effectuer ses achats.

Le shopping devient détente et loisir: flâner dans les différents rayons d'un grand magasin est pour ces dames la meilleure manière de se tenir au courant des dernières innovations, que ce soit la décoration, le mobilier, les arts de la table, l'éclairage…

Dans *Au Bonheur des Dames*, Émile Zola immortalise, peu ou prou, Au Bon Marché ouvert par Aristide Boucicaut, précurseur de la vente en grande surface, prélude de nos supermarchés. Boucicaut met à la disposition de sa clientèle des centaines de produits divers, exposés dans des rayons spécialisés permettant de concentrer ses achats dans un seul établissement.

Si cette manière d'écourter le temps consacré aux achats est pratique, elle ne fait pas les affaires des boutiques de proximité : les coopératives et autres centrales d'achat sont pour elles de redoutables rivales. Les grands magasins font un tort considérable Aux Deux Magots : leur force de vente, leurs promotions deviennent si puissantes qu'ils détournent une clientèle pourtant longtemps fidèle.

Les affaires n'étant plus florissantes comme naguère, les difficultés d'exploitation étant évidentes, Jules Jaluzot, créateur du Printemps, met à profit le désarroi de la direction des Deux Magots pour négocier la reprise du magasin phare de Saint-Germain-des-Prés.

Jules Jaluzot a accédé à la cour des grands en se donnant les moyens d'éliminer, les uns après les autres, ses confrères les plus fragiles. Sa concurrence implacable, son harcèlement permanent font chavirer le navire amiral de la nouveauté. Les Deux Magots sont contraints d'abandonner la bataille, et le magasin devenu trop modeste tombe dans l'escarcelle de la grande entreprise du boulevard Haussmann.

Jaluzot est résolu à localiser ses affaires au cœur de la capitale. Il n'a donc pas l'intention de poursuivre l'activité du magasin de la place Saint-Germain et le transforme en annexe pour stocker des marchandises. Pour lui, la zone de chalandage est désormais rive droite. Quand, le 9 mars 1881, le Printemps sera victime d'un incendie, il en fera des bureaux et son service de vente par correspondance.

Jules Jaluzot est né en 1834. Fils d'un notaire nivernais, il se destine à une carrière militaire mais, à dix-neuf ans, change radicalement de voie et annonce à ses parents son intention de se lancer dans le commerce. Il monte à Paris, fait ses débuts de calicot dans une petite maison de tissus de la rue de Cléry, acquiert les rudiments du métier et achève sa formation en dénichant une place de vendeur au Bon Marché.

Sa vie professionnelle se déroule à la manière d'un Rastignac. Travailleur consciencieux, il se fait remarquer par Aristide Boucicaut, son patron, pour ses qualités de vendeur et d'organisateur, et devient rapidement chef de rayon des soieries, chargé des sélections et des achats.

Au travail, il croise chaque jour une jeune et jolie employée, flirte un temps avec la demoiselle, puis la demande en mariage. En convolant, Jules Jaluzot et sa fiancée n'ignorent pas qu'ils signent de fait leur démission du Bon Marché car, pour une étrange raison, la direction du grand magasin interdit les couples mariés dans son personnel. Un parti pris inexplicable qui ne manque pas d'être relevé par Émile Zola dans son *Bonheur des Dames*. Après leur mariage, les nouveaux époux sont donc contraints de trouver un nouvel employeur.

La jeune mariée, richement dotée, apporte la coquette somme de trois cent mille francs or (environ six millions d'euros), un mariage d'amour qui met Jaluzot à l'abri du besoin, disent les mauvaises langues. Jules n'a peut-être pas l'intention de se satisfaire des louis d'or de sa femme, mais ces derniers pourraient bien lui donner un coup de pouce pour ce projet qui lui tient tant à cœur : fonder sa propre affaire.

L'ambitieux se donne un temps de réflexion pour étudier la formule la plus adaptée à son dessein. Il se penche sur la carrière d'Aristide Boucicaut, son ancien patron, un modèle de réussite. À force de travail, d'ambition et d'imagination, ce dernier a réussi à transformer sa mercerie, située au coin des rues du Bac et de Sèvres, en un énorme navire, avalant au passage son ancienne boutique et les immeubles alentour. Le voici à la tête de tout le pâté de maisons.

Jaluzot ne se lance pas à l'aveugle, il calcule tout – le budget, son amortissement –, s'assure de la faisabilité de son plan auprès d'hommes avertis et, après moult réflexions, pense enfin avoir toutes les cartes en main.

Il s'associe avec le dénommé Jean-Alfred Duclos et, ensemble, ils fondent une société en nom collectif, destinée à l'exploitation d'une maison de commerce de nouveautés à Paris. Jules étudie les aspects techniques et économiques de son projet et choisit soigneusement le quartier de Paris où implanter son magasin.

Après l'annexion des localités suburbaines, la population parisienne a doublé. En 1865, la capitale compte près de 1 800 000 citadins qui ont à leur disposition un millier d'omnibus hippomobiles pour circuler. Alors que le baron Haussmann remodèle la ville en éventrant les quartiers insalubres, de nouveaux quartiers se développent autour de grandes avenues arborées.

« Emblème de la pompe du second Empire », l'Opéra, en construction sous la direction du jeune architecte Charles Garnier, est un atout supplémentaire pour l'animation du centre de Paris. En dépit des aléas politico-financiers et du conflit franco-prussien, la façade du futur Opéra sera présentée au public en 1870. Les travaux reprendront après la guerre et la chute de Napoléon III. C'est un bijou rutilant auquel il est impossible d'assigner un modèle précis, une architecture d'un baroque inclassable.

L'impératrice Eugénie, qui n'aimait pas Garnier et lui préférait son confrère Rohault de Fleury, alors en vogue, interroge l'architecte sur le style du bâtiment : « Ce n'est, lui dit-elle, ni classique, ni Renaissance, ni Louis XVI ? » Agacé mais placide, Garnier lui répondit : « Mais, Majesté, c'est le style Napoléon III. »

Le nouvel Opéra est inauguré après la chute de l'Empire, le 5 janvier 1875, par le maréchal de Mac Mahon, président de la

République. S'ensuivit le percement de l'avenue de l'Opéra, entre le nouveau théâtre et la place du Palais-Royal, qui offrira une des plus belles perspectives de Paris.

Après de vives discussions avec le baron Haussmann, Garnier obtient gain de cause: aucun arbre ne sera planté sur l'avenue de l'Opéra afin que son chef-d'œuvre puisse être vu de part en part, contrairement à ce qui est fait partout ailleurs. Une exception qui perdure encore aujourd'hui.

Une chance pour Saint-Germain-des-Prés

Haussmann avait à cœur de relier Montparnasse à la rive droite et l'Opéra aux Halles. Mais l'administration ne l'entendit pas de cette oreille et freina des quatre fers : la situation politique instable et un financement problématique firent échouer le rêve du baron-préfet.

Il est heureux qu'Haussmann n'ait pu venir à bout de tous ses projets, car l'église Saint-Germain-des-Prés aurait vu son beau parvis pavé amputé, la rue Bonaparte aurait été sacrifiée, et avec elle ses antiquaires et ses galeries… Et que serait-il arrivé à l'école des Beaux-Arts ? À l'Institut de France, qui occupe le superbe édifice de Le Vau, l'ancien collège des Quatre-Nations ?…

La mise à l'arrêt de ce projet de percement de grande artère explique pourquoi la rue de Rennes ne débute qu'après la place Saint-Germain-des-Prés. À y regarder de plus près, on constate que sa numérotation commence au 41, les quarante premiers numéros ayant été réservés pour les immeubles qui auraient dû être construits en lieu et place de la rue Bonaparte.

Le nom de « Rennes » fut donné en souvenir du grand incendie qui détruisit le vieux centre de la cité bretonne entre le 22 et le 29 décembre 1720. Une rue devenue tristement célèbre avec le terrible attentat terroriste du 17 septembre 1986 qui fit sept morts et de nombreux blessés devant le magasin Tati.

À Saint-Germain-des-Prés, les automobilistes continueront donc de s'engouffrer dans l'entonnoir de la rue Bonaparte, jetteront en passant un regard vers la terrasse du café des Deux Magots et sur l'église qui, depuis le VIe siècle, donne à ce quartier son charme villageois.

Charme qui explique peut-être que de nombreuses célébrités ont vécu dans ses parages : Racine, les comédiens Mounet-Sully et la Clairon habitaient rue des Marais-Saint-Germain, aujourd'hui rue Visconti. Et c'est dans cette même rue que Balzac se ruina en montant son imprimerie.

La rue Jacob a hébergé Richard Wagner, au n° 14; Laurence Sterne au n° 46, Adrienne Lecouvreur et son amant Maurice de Saxe au n° 20, dans un pavillon entouré d'un parc où s'élève le petit temple voué à l'Amitié par Natalie Barney qui a habité cette maison.

Au n° 6 de la place de Furstemberg, l'atelier d'Eugène Delacroix est devenu un musée tandis qu'au n° 5 de la rue Bonaparte une plaque rappelle au passant qu'Édouard Manet naissait là le 23 janvier 1832.

Mérimée, Nerval, Corot et Fantin-Latour logèrent rue des Beaux-Arts, et Oscar Wilde, solitaire et miséreux, mourut dans le modeste Hôtel d'Alsace.

Remy de Gourmont s'est éteint au 71 de la rue des Saints-Pères et George Sand, lors de ses nombreuses pérégrinations, s'est posée rue de Seine.

Quant à Baudelaire et Sainte-Beuve, la cour du Commerce-Saint-André-des-Arts leur était familière.

Le nouveau temple du commerce parisien

Jules Jaluzot pressent que le développement de la cité se fera par l'ouest, comme pour la plupart des grandes métropoles. Il flaire l'essor de la banlieue qui déversera chaque jour ses milliers d'habitants sur les trottoirs des rues autour de la future gare Saint-Lazare. Il entrevoit l'impulsion fabuleuse du quartier avec les travaux du prolongement du boulevard Haussmann, en évalue les avantages. C'est là qu'il installera son futur magasin, dont le nom évoquera la jeunesse et la joie de vivre: « Printemps ». Le 11 mai 1865, sont signés devant notaire les statuts de la société, exploitée pour une durée fixée à dix ans, au capital social de six cent mille francs or; dont la moitié des actions est souscrite par un associé.

La société fait l'acquisition d'un immeuble de trois étages – sous-sol, rez-de-chaussée, entresol et combles –, un bâtiment cossu, sis au coin de la rue du Havre et du boulevard Haussmann.

Les architectes Jules et Paul Sédille sont chargés des travaux. Ils conçoivent l'entrée principale dans la tourelle d'angle que coiffe la coupole de l'édifice et envisagent de placer une grande enseigne recouvrant le balcon du premier étage. Pour illuminer les vastes galeries, des lustres resteront allumés tout le jour, tandis qu'un large escalier mènera au sous-sol et à l'entresol.

Le gros des travaux achevé au bout de six mois, Jaluzot inaugure son magasin en grande pompe au mois de novembre. Lorsqu'il invite le curé de la Madeleine à venir bénir ce nouveau temple du commerce parisien, chacun y voit moins une initiative pieuse que publicitaire. Une campagne de presse imposante précède l'ouverture du grand magasin du boulevard Haussmann. Une série de publicités paraissent en pleine page dans *La Liberté* et dans *Le Figaro*.

Jaluzot en profite pour annoncer la mise en vente en exclusivité d'une soie noire – très à la mode dans les années 1870 –, la Marie-Blanche, au prix de 8,75 francs le mètre, et va même jusqu'à présenter cette merveille comme le résultat de vingt ans d'observation et d'études ! Apprenant que la soie importée d'Allemagne et de Suisse menaçait les vieilles fabriques lyonnaises, il a eu l'idée de faire tisser la Marie-Blanche en France, en exclusivité pour le Printemps.

Zola s'inspirera d'ailleurs de ce tissu quand Mouret, patron d'Au Bonheur des Dames, déclarera, à l'occasion du lancement de son étoffe Paris-Bonheur : « Je veux que dans huit jours Paris-Bonheur révolutionne la place [...] la lisière bleu et argent sera connue d'un bout de la France à l'autre. »

En quelques années, le Printemps rencontre un énorme succès et devient l'un des grands magasins les plus prospères de Paris.

Mais un événement dramatique va assombrir l'éclatante réussite de Jaluzot. Dans la nuit du 8 au 9 mars 1881, un incendie ravage une importante partie du magasin. « Paris a été terrifié hier matin à son réveil, par une épouvantable nouvelle, le feu a dévoré les magasins du Printemps », titre *Le Figaro*. Toute la presse relate la catastrophe.

L'origine de l'incendie serait due au gazier, l'employé préposé à l'éclairage. Au cours de sa ronde de nuit, la flamme de sa lance aurait frôlé le rideau du rayon des broderies, et le feu se serait propagé aux étages.

Jaluzot se retrouve prisonnier dans son appartement installé au dernier étage. C'est lui qui donne l'alerte en se précipitant sur son cor de chasse pour prévenir ses employés, qui, à cette époque, dormaient sous les comptoirs pour les hommes et dans les chambres de service de l'immeuble pour les femmes.

Les pompiers secourent le personnel au complet, paniqué et passablement traumatisé. On déplore la mort d'un groom qui se serait jeté dans le vide pour échapper au feu. L'incendie est d'une telle violence qu'il provoque bien d'autres dégâts : explosion des conduites de gaz, écroulement de certaines parties des étages et de la façade du bâtiment. Des dizaines de soldats du feu, venant des casernes environnantes, luttent toute la nuit et toute la matinée pour tenter de maîtriser les flammes. À midi, quand enfin ils peuvent quitter le lieu, il ne reste plus grand-chose du grand magasin du boulevard Haussmann. Ce triste spectacle attire de nombreux curieux qu'un service d'ordre musclé est chargé d'éloigner des ruines fumantes.

L'acquisition des Deux Magots permet à Jules Jaluzot de déménager plusieurs services du Printemps vers la place Saint-Germain-des-Prés. Avec son sens inné de la communication, il informe par voie de presse sa clientèle du suivi des commandes et promet de les honorer.

Mais l'événement dramatique de 1881 ne sera pas le seul. En 1921, alors que s'ouvre une nouvelle ère des affaires, le feu viendra, une fois encore, s'attaquer aux nouveaux bâtiments construits en prolongement de l'ancien édifice.

Début 1882, Jules Jaluzot demande à Paul Sédille d'entreprendre les travaux de rénovation du bâtiment incendié du boulevard Haussmann. Une nouvelle société en commandite par actions est créée, les titres reçoivent un accueil favorable du public. Jaluzot apporte neuf millions, soit le quart environ du nouveau capital social. Pour le reste, il fait appel à son personnel et à quelques financiers dotés d'un bon flair. Les journaux de l'époque rapportent même que de fidèles clientes confient leurs économies pour aider à la rénovation du Printemps.

Peu à peu, le magasin des Deux Magots cesse ses activités. Jaluzot n'en a plus besoin et le met en vente. Plusieurs propriétaires se succèdent et le lieu devient un négoce de vin, un bistrot... Mais aucun ne parvient à pérenniser son affaire malgré un emplacement de choix. La capitale est pourtant en effervescence en cette année 1900. Le 14 avril, l'Exposition universelle est inaugurée par l'ineffable Émile Loubet, successeur de feu le président Félix Faure.

La grande manifestation va attirer des millions de visiteurs. Lors de sa fermeture, six mois plus tard, le 12 novembre, on comptabilise près de cinquante millions de curieux venus s'extasier devant « le bilan du siècle », comme l'appellent pompeusement les organisateurs.

La tour de Gustave Eiffel, inaugurée lors de la précédente exposition en 1889, est toujours debout, en dépit des protestations et des nombreuses pétitions contre son maintien dans le paysage parisien. Sa voisine, la galerie des Machines, la plus grande structure de fer d'Europe, véritable cathédrale du XIXe siècle, aura moins de chance : on la démontera en 1909 pour ouvrir la belle perspective depuis la tour jusqu'à l'École militaire.

Au Champ-de-Mars, faisant face à la tour Eiffel, le palais de l'Électricité, construit par Eugène Hénard, fait l'objet de la plus vive curiosité. L'architecte, à qui on doit de grands projets de rénovation dans Paris, présente dans cet édifice de fer et de verre les diverses applications d'une des nouvelles formes d'énergie : l'électricité. Celle-ci alimente l'éclairage des autres pavillons de la vaste manifestation. Certains affirment même que si le courant produit par le palais de l'Électricité venait à manquer, cela plongerait non seulement les différents pavillons dans l'ombre, mais stopperait net diverses machines essentielles au fonctionnement de l'Exposition.

Au pied du Trocadéro, les premières voitures du Transsibérien, le nouveau train de luxe reliant Moscou à Pékin, sont exposées au public. La rame arrive directement de Russie et son installation, sur la colline de Chaillot, n'a pas été sans difficultés : différence d'écartement des voies entre les chemins de fer russes et français, faibles moyens de traction de l'époque pour hisser la rame sur la colline… Le train de rêve, ouvert aux visiteurs, rencontre une curiosité bien légitime devant le luxe de ce véritable hôtel sur rails. Certains d'entre eux arpentent la moquette des couloirs en caressant les panneaux d'acajou et de palissandre vernis et jettent un coup d'œil étonné sur les différents décors des compartiments. D'autres, plus privilégiés, s'installent dans l'une des voitures-restaurants où la Compagnie des Wagons-Lits, l'entreprise qui exploitera prochainement le grand express, sert aux visiteurs des repas franco-russes.

Paul Morand, alors petit garçon, disait n'avoir jamais oublié ce voyage immobile qu'il fit en cette année 1900. « Dans ce wagon-lit-salon on pénétrait par une porte qui était encore la Russie [...], on s'asseyait, aussitôt le train partait. Je veux dire que devant la glace du wagon immobile le paysage peint se déroulait, on traversait les grands fleuves parsemés de bois flottés, les forêts de pins et de mélèzes, les déserts d'où émergeaient les tombeaux mongols... On mangeait toutes sortes de zakouski tandis que se succédaient ces plaines désespérées. Soudain, il me suffit de fermer les yeux un instant pour retrouver toute ma surprise, le moujik de service disparaissait et c'était un boy chinois, en robe de soie bleue, qui apportait le thé parfumé au jasmin dans une petite tasse de porcelaine. Pékin, tout le monde descend ! »

Frédéric Sauser, alias Blaise Cendrars, a visité à son tour l'Exposition. Parti avec sa mère de La Chaux-de-Fonds, sa ville natale, le jeune homme de treize ans est sans doute monté dans l'express flambant neuf du Trocadéro. N'aurait-il pris le Transsibérien que ce jour-là ? À ceux qui doutaient de son voyage à bord du grand express, il répondait, imperturbable : « Qu'importe puisque je vous l'ai fait prendre. »

L'ouverture effective de la ligne transsibérienne attise l'appétit des globe-trotters, impatients de visiter l'Empire du milieu. Le Transsibérien les transportera jusqu'à Irkoutsk (5 323 kilomètres). Les livraisons de la soie et du thé de Chine s'accélèrent vers l'Europe de l'Ouest et, grâce à cette incroyable voie ferroviaire, les magasins de nouveautés regorgent de précieuses soieries et du très à la mode breuvage dans les salons de France et de Navarre.

Auguste Boulay, le visionnaire

La rive gauche n'attire plus les coquettes, elles ont abandonné les vitrines autour du célèbre clocher pour celles de la rive droite autour de la Madeleine et de l'Opéra.

Un dénommé Bihourd reprend le fonds de commerce des Deux Magots en 1884 pour le convertir en café-liquoriste. Mais les ouvriers de la voirie du boulevard Saint-Germain en travaux, les cochers de fiacres et les journaliers du quartier qui viennent s'y abreuver ne font guère tourner les affaires du bistrotier : deux ans plus tard il baisse le rideau. L'affaire passe de main en main, du sieur Nicole à un M. Grasser qui prend la suite des précédents mastroquets.

Patron sérieux et responsable, il dépose la marque « Café des Deux Magots », puis procède à l'enregistrement de la raison sociale qui paraît dans l'*Almanach national*, l'annuaire officiel de la République française où sont enregistrées la date de son ouverture et la nature de son activité.

En dépit de ses efforts, les affaires ne sont pas fameuses. Le café est crasseux, donne même l'impression d'avoir été abandonné, et il périclite lentement.

En passant devant par hasard un jour de 1914, Auguste Boulay remarque ce café-liquoriste à l'enseigne des Deux Magots. Curieux et intrigué, il se renseigne et apprend que le bistrot est au bord de la faillite. Il s'étonne que ce lieu, situé dans un environnement aussi agréable et au cœur de Saint-Germain-des-Prés, soit dans un si mauvais état et n'ait pas rencontré le succès espéré. Propriétaire d'un établissement près de la gare Saint-Lazare en pleine expansion, il sait qu'en rachetant cet établissement il prendrait un risque.

Boulay étudie la situation, réfléchit à la clientèle potentielle du quartier, et considère surtout la mutation prochaine de ce quartier, après l'achèvement des travaux du prolongement du boulevard Saint-Germain jusqu'à la Seine. Car cette percée devrait permettre d'atteindre plus rapidement ce quartier, prisé pour le charme de ses petites rues, ses artisans, ses libraires, ses galeries, ses bouquinistes et ses antiquaires. Auguste Boulay finit par se décider et achète le café pour la somme de quatre cent mille francs.

Certes, le coin est en pleine mutation, les travaux engagés par le baron Haussmann réveillent ce quartier aux airs de village pittoresque. Mais comment faire pour transformer un modeste établissement en un café réputé ?

Boulay a dans l'idée de faire des Deux Magots un lieu dans la lignée du Procope, de La Régence, du Café de Chartres ou de Foy de jadis, longtemps réputés pour leur illustre clientèle. Le nouveau propriétaire conserve la raison sociale mais s'attache, après d'importants travaux d'aménagement, à donner Aux Deux Magots un certain confort dans une ambiance harmonieuse… sous l'œil des deux mandarins qui vont conserver leur place à l'angle du pilier central de la salle.

La direction du chantier de rénovation est confiée à un architecte renommé, Maurice du Bois d'Auberville, connu pour avoir édifié en 1911 un ravissant hôtel particulier dans le style Belle Époque rue Alfred-Dehodencq, dans le

XVIe arrondissement. Un édifice aux lignes simples, mis en valeur par le sculpteur-ornemaniste Pierre Seguin, qui avait grandement séduit les Parisiens. Les travaux commencent sous le regard placide et blasé des deux magots qui en ont vu d'autres.

En ce début du XXe siècle, la place Saint-Germain-des-Prés vit très paisiblement autour de son clocher. Elle tourne le dos au boulevard Saint-Germain, où les omnibus hippomobiles, fiacres, calèches et landaus font retentir les fers des chevaux et les jurons des cochers. Et où, pis encore, les premières voiturettes à moteur deux cylindres de MM. Panhard & Levassor pétaradent et empestent. À l'abri des nuisances du progrès en marche, les badauds viennent volontiers aux beaux jours flâner à l'ombre des marronniers, tandis que le soir, les amoureux s'étreignent dans les coins sombres à l'abri de la lumière dispensée par des lanternes à huile fixées sous les réverbères.

Auguste Boulay veut que son café soit le rendez-vous d'une clientèle hétérogène où se mêleront bohèmes, poètes, philosophes, musiciens, éditeurs, libraires…

Certains cafés du quartier n'avaient-ils pas déjà depuis longtemps assisté à la naissance de mouvements littéraires et philosophiques faisant évoluer la vie culturelle française? Romantisme, réalisme, naturalisme, symbolisme, puis futurisme, surréalisme, existentialisme, lettrisme avaient et vont alimenter discussions et débats dans le triangle d'or du quartier Saint-Germain. Des cafés que Léon-Paul Fargue considérait comme de véritables institutions d'État.

Déjà, du temps de M. Grasser, des excentriques venaient créer la stupeur par leur étrange comportement et leur accoutrement fantasque. Dans le tintement des verres et des soucoupes, dans le brouillard des fumeurs de pipes et de cigares, le jeune Félix Tournachon, futur flamboyant photographe-aérostier rebaptisé Nadar, se pavanait en terrasse, boucles aux oreilles sous de longs cheveux teints en rouge, accoutré d'un short aussi vert que l'absinthe dont il s'abreuvait tous les soirs.

À dix-huit ans, abandonnant ses études de médecine, il se consacre au journalisme et s'amourache de Jeanne Duval, la belle Haïtienne, muse de Baudelaire. Successivement éditeur et libraire, contrebandier et dessinateur, il fera bien d'autres métiers encore avant de devenir le génial photographe qu'on sait. Il sera même si célèbre dans le quartier qu'il recevra son courrier libellé ainsi : Monsieur Nadar, Paris.

Alfred Jarry, autre olibrius, débarque à Saint-Germain-des-Prés pour déjeuner. Il arrive de son phalanstère, une maison sise 19, quai de l'Apport-Paris à Corbeil, dans l'Essonne, où il vit avec Rachilde et son mari Alfred Vallette, Pierre Quillard, André-Ferdinand Hérold et Marcel Collière, tous éditeurs ou gens de lettres. Sur son « ubucyclette », un engin de pistard, vélo de marque « Clément de luxe » de 1896, acheté dans sa ville natale de Laval, il roule, imperturbable, tandis que son marchand de cycles attend toujours le règlement de sa drôle de machine.

Chaussé d'espadrilles, ses cheveux noirs serrés dans deux bandeaux encadrant son visage poupin, il est l'un de ces hydropathes pour qui l'eau est toxique. « Elle est si corrosive, dit-il, qu'on l'a choisie pour la toilette et la lessive et, en outre, une goutte d'eau dans l'absinthe la trouble ! » Autre fantaisie, l'auteur d'*Ubu roi* prend son repas à l'envers. Il commence par engloutir un saladier de coulis de fraise pour terminer par une terrine de harengs pommes à l'huile.

Ces figures emblématiques du quartier en ont inspiré d'autres, plus tard, tout aussi farfelues, dans les caves à la mode, parmi ces « troglodytes » adeptes du be-bop.

Naguère on allait au café « pour y causer, pour échanger des idées avec d'autres humains, écrit Remy de Gourmont. C'était un lieu de rendez-vous et d'échanges, sorte d'agora des temps modernes ».

Pour le poète Jean Moréas, le café était l'annexe de son foyer: « Autrefois j'y arrivais à huit heures du matin et n'en sortais qu'à cinq heures le lendemain matin. Voilà ce qui s'appelle aller au café ! » Théophile Gautier, quant à lui, pense que « le café satisfait un besoin de vie publique et se substitue à la vie de famille dont on est las ». Pour Huysmans, « le café est l'endroit idéal pour s'asseoir en soi-même, rester seul dans une atmosphère feutrée de méditation, loin des babillages et des cancans ». Courteline a toujours considéré ces lieux comme un poste d'observation privilégié. Il a nourri ses livres et ses irrésistibles saynètes de personnages loufoques repérés au café, comme il observait dans les casernes ses burlesques bidasses.

Le nouveau café des Deux Magots n'échappe pas à la tradition. Les sages aiment à méditer et les volubiles à bavarder entre amis. Il s'inscrit dans la lignée des vénérables établissements où chacun a ses habitudes, sa table préférée, sa boisson favorite servie par un garçon affable qui lui apportera aimablement son journal fixé sur sa hampe de bois, brandi tel un étendard.

Engouement pour un nouveau breuvage

La consommation du café a pris son essor au XVIIe siècle lorsque des échanges commerciaux se sont noués entre la France et les pays producteurs de la fameuse graine de caféier. Un marchand d'épices pensait à cette époque que seul le Yémen le cultivait. On sait depuis que l'Éthiopie le récoltait depuis la nuit des temps ! Montesquieu considérait d'un œil amusé l'engouement pour ce breuvage nouveau, en écoutant le bon peuple chanter *Vivre en bonne santé* : « Si vous voulez vivre sans peine, / Sept jours de la semaine, / Prenez du bon café. » À la veille de la Révolution, les maisons servant du café – « le breuvage qui fait dormir quand on n'en prend pas », prévenait Alphonse Allais – ne se comptaient plus. L'historien Jules Michelet affirmait de son côté : « Jamais la France ne causa plus et mieux. [...] La ville de Paris ne va-t-elle pas se transformer en grand café ? »

Plus connu par certains pour sa consommation de moka que pour sa *Comédie humaine*, Balzac constate comme son effet est tonique pour l'organisme et pour le moral. En revanche il en minimise le profit pour quelques-uns : « Beaucoup de gens accordent au café le pouvoir de donner de l'esprit, mais tout le monde a pu vérifier que les ennuyeux ennuient bien davantage après en avoir pris. » Il ajoute : « Le café met le sang en mouvement, en fait jaillir les esprits moteurs ; excitation qui précipite la digestion, chasse le sommeil et permet d'entretenir pendant un peu plus longtemps l'exercice des facultés cérébrales. » Balzac encore affirmait à son ami Rossini : « Je pense que l'effet du café peut durer quinze ou vingt jours. » Et le compositeur italien de lui répondre : « Bah, en somme le temps de faire un opéra. »

Lorsqu'en 1914 Auguste Boulay ouvre enfin les portes de son café restauré, les grands mouvements littéraires sont en déclin. Le symbolisme et ses représentants les plus prestigieux ont disparu. Mallarmé en 1898, Baudelaire en 1867, Verlaine en 1896 et Rimbaud en 1891. Un magazine d'outre-Atlantique publie en 1904 une illustration de ces poètes immortels attablés en 1885 sous les indéboulonnables statuettes néo-chinoises. Supercherie bien sûr : Rimbaud doit alors traîner ses guêtres entre Harar et Aden, Verlaine, malade, vit comme un clochard, quant à Mallarmé, il est plus souvent dans sa maison de Valvins qu'au célèbre café. Mais qu'importe, cette image a le mérite de faire fantasmer les lecteurs lettrés d'Amérique et de bombarder les Deux Magots comme le lieu incontournable du monde littéraire. Les Deux Magots prennent en quelque sorte la relève des Procope, Voltaire et Café de Paris, qui ont vu passer de grands écrivains et poètes, mais aussi du Café Anglais, de Chez Tortoni et du fameux Napolitain des Grands Boulevards, où l'on croisait d'illustres comédiens, humoristes et personnages originaux.

Après la disparition de ces hauts lieux spirituels où pétillait l'esprit le plus drôle et le plus impitoyable, c'est du côté de Saint-Germain-des-Prés qu'il faut se tourner pour retrouver la verve et la créativité artistiques de naguère. L'ouverture des Deux Magots a lieu à la charnière de deux époques, si on considère que la fin de la Grande Guerre clôt « le stupide XIXe siècle » (Léon Daudet) et sonne le glas de la Belle Époque.

Les habitants du quartier Saint-Germain découvrent ce havre de paix, ils s'y retrouvent entre amis, viennent y lire les journaux, avant que l'intelligentsia et les gens de lettres y prennent aussi leurs habitudes. Ici, on ne fait guère attention aux jeunes blancs-becs, fiers de s'afficher avec un exemplaire de leur premier opus. Les grandes pointures, elles, gardent l'incognito, préférant s'installer dans un coin discret, pour se mettre à l'abri des fâcheux et éviter tout commerce avec les importuns.

Tels Remy de Gourmont et son compère Paul Léautaud, qui, après leur visite à la Bibliothèque nationale ou à Carnavalet, viennent y travailler sur un ouvrage, *Les plus belles pages de Rivarol*, après leur édition des *Plus belles pages de Stendhal* au Mercure de France.

François Bernouard, l'éditeur-poète-dramaturge, bien souvent éméché, annonce aux deux compères qu'il veut refaire l'*Encyclopédie* de Diderot à la mode d'aujourd'hui, et leur propose d'y collaborer. Ils refusent son offre et Gourmont de répondre : « L'ironie est le sel de tout. » Bernouard ne s'avoue pas vaincu et suggère également d'éditer des pages du *Journal* de Jules Renard. Il s'attire la mauvaise humeur de Léautaud qui n'y voit aucun intérêt : « Toujours les petites trouvailles d'images, aucune observation vraie. C'est illisible, du moins ce que j'en connais. C'est comme les *Histoires naturelles*, impossible à lire aujourd'hui, c'est mon opinion », tandis que Gourmont, impassible, ne bronche pas, préférant laisser à son ami et confrère la responsabilité de ses jugements définitifs.

Léautaud voit en Gourmont un « grand excitateur d'esprit ». Avare de confidences, Léautaud lui raconte cependant ce jour-là quelques souvenirs d'enfance et de jeunesse, cette liberté que lui autorisaient ses parents, couple dénaturé et inconscient, bien trop occupés par leurs frasques… Ils se consolent en allant dîner chez Duval, l'un des bouillons du boulevard, juste en face des Deux Magots.

Rêves et prophéties surréalistes

Artistes, romanciers, journalistes, peintres sont surpris, déconcertés en voyant déferler la vague surréaliste. Ces jeunes gens ont rompu avec le mouvement Dada de Tzara, ils se retrouvent aux Deux Magots avec l'idée de suivre une voie nouvelle, répondre, affirment-ils, à « un appel mystique très mystérieux ». Robert Desnos et René Crevel chantent les louanges de cet art nouveau.

Robert Desnos rejoint les surréalistes en 1922. Il crée la stupéfaction au sein du groupe grâce à son don pour les rêves éveillés. Une après-midi d'été, attablé aux Deux Magots, alors qu'il est en état d'hypnose, il se saisit d'un crayon pour griffonner et dessiner ses songes devant ses amis médusés. « Le surréalisme est l'ordre du jour et Desnos est son prophète », annonce André Breton.

Dans le poème *Une vague de rêves*, publié par la revue *Commerce* en 1924, Aragon écrit : « Desnos n'a qu'à fermer les yeux, et il parle, et au milieu des bocks, des soucoupes, tout l'océan s'écroule avec ses fracas prophétiques et ses vapeurs ornées de longues oriflammes. Que ceux qui interrogent ce dormeur formidable l'aiguillent à peine, et tout de suite la prédiction, le ton de la magie, celui de la révélation, celui de la révolution, le ton du fanatique et de l'apôtre surgissent. »

Paul Éluard, Max Ernst, Benjamin Péret et André Breton se joignent au mouvement. Observateur attentif, Maurice Nadeau, un proche des surréalistes, aura cette formule : « Le surréalisme ne s'écrit, ne se peint pas, il se vit, et ils sont autant d'apôtres d'une nouvelle religion qui se célèbre dans les cafés. »

Les surréalistes avaient transporté leur quartier général du Cyrano de Montmartre aux Deux Magots, puis ils se dispersèrent, chacun pour accomplir son œuvre. Un destin tragique abrégea la vie de René Crevel, usé par la tuberculose. Il se suicida en 1935 et Robert Desnos mourut en déportation en 1945.

Dans *Hier (Souvenirs)*, Alice Halicka, décoratrice de théâtre et épouse du cubiste Louis Marcoussis, se souvient :

« Jacqueline, la jolie femme d'André Breton, toujours pieds nus par n'importe quel froid, les ongles peints en vert, et leur petite fille habillée en 1900, ne pouvaient passer inaperçues. Après Montmartre, envahi par de faux artistes, des indicateurs de police et des bonnes en rupture de fourneaux, le quartier de Saint-Germain-des-Prés et ses deux cafés les Deux Magots et le Flore, et en face la brasserie Lipp, étaient devenus les quartiers artistiques et littéraires par excellence. À l'heure de l'apéritif on y rencontrait Picasso et Dora Maar, femme peintre et photographe, sa compagne (de son mariage avec la danseuse Olga Khokhlova il avait un fils Paul, dit Polo, qu'on voyait souvent dans les parages). Y venaient également Derain, Marcoussis, Despiau, Segonzac, Kisling, beaucoup d'autres et d'innombrables écrivains, poètes, journalistes dont Fargue était le plus assidu à toute heure du jour et de la nuit. La place Saint-Germain-des-Prés dégageait vers le soir un charme tout provincial. »

En juin 1936, Pablo Picasso, attablé avec son ami Éluard à la terrasse des Deux Magots, remarque une belle jeune femme brune au regard intense s'amusant à piquer un couteau entre ses doigts. Le peintre, intrigué, est séduit et la dévore des yeux. Impatient de faire sa connaissance, il demande à son ami, qui la connaît déjà, de lui présenter la mystérieuse inconnue. Alors qu'il s'approche d'elle, le peintre intimidé lui adresse quelques mots dans un français trahissant ses origines hispaniques, elle lui répond aussitôt en espagnol de sa voix grave et prenante. En la quittant, il lui fait une étrange requête : peut-elle lui donner ses gants ? Non par fétichisme mais pour les joindre à ses reliques. Ainsi débute l'ombrageuse liaison du maître et de l'étudiante.

Dora Maar, pseudonyme d'Henriette Theodora Markovitch, arrive à Paris en 1926 depuis Buenos Aires où elle vivait avec son père, un architecte renommé. Dotée depuis son enfance de certains dons artistiques, Dora suit à présent les cours de l'Union des arts décoratifs, de l'École de photographie puis de l'académie Julian. Elle fréquente deux maîtres, le peintre André Lhote et le photographe Henri Cartier-Bresson.

Toujours vêtue de façon extravagante, très soignée, anticonformiste, elle adopte une attitude rebelle qui fascine les surréalistes. Dora rencontre d'abord Georges Bataille dans une association d'extrême gauche, elle est séduite par son intelligence et son érudition, il devient son amant. Libre et affranchie, elle se prête volontiers aux jeux érotiques singuliers de Bataille et de ses amis.

Après des séjours à Barcelone puis à Londres, elle s'installe à Paris, abandonne la photographie pour la peinture, subit l'influence de Picasso, son mentor et amant, en adoptant le cubisme avec talent mais à l'ombre du maître. En 1937, elle photographie jour après jour l'exécution de *Guernica* et pose pour *La femme qui pleure*. « Dora, pour moi, a toujours été une femme qui pleure », dira d'elle André Malraux.

Picasso l'abandonne en 1943 pour d'autres amours. Une douloureuse séparation dont elle ne se remettra jamais. Dora, malade et dépressive, devient mystique. Elle s'isole dans la maison de Ménerbes que Picasso lui a offerte et peint des portraits aux couleurs sombres de ses amis Jean Cocteau, Jean-Louis Barrault, Christian Bérard, Marie-Laure de Noailles. De retour à Paris, Dora Maar se mure dans le silence de son appartement petit et assez sordide. Elle y meurt en 1997, en pensant peut-être que soixante et un ans plus tôt son destin l'attendait au café des Deux Magots.

Ébullition sur la Butte, pleins feux sur Montparnasse

C'est bien connu, les Parisiens sont inconstants. Ils adorent un quartier puis le désertent pour un autre, au gré de leurs caprices et des événements.

À Montmartre, la naissance du XXe siècle amorce un tournant sérieux dans l'art : sur la Butte, le cubisme révolutionne peinture et poésie avec Picasso et Braque. Du Bateau-Lavoir et du Lapin agile déboulent Max Jacob et Mac Orlan en compagnie d'André Derain, d'Henri Matisse et de Kees Van Dongen. Ils aiment boire et chanter, écouter le père Frédé, tenancier mythique de ce Lapin de cabaret, fredonnant ses romances sous le regard blasé de son âne Lolo.

C'est aussi les yeux mélancoliques de Blaise Cendrars qui se tournent vers Montmartre, lorsque, quelque part dans la steppe sibérienne, la jeune passagère du Transsibérien le questionne inlassablement : « Blaise, dis, sommes-nous bien loin de Montmartre ? » Le poète lui répond :

Je suis triste je suis triste,
J'irai au Lapin agile me ressouvenir de ma jeunesse perdue
Et boire des petits verres
Puis je rentrerai seul.

Guillaume Apollinaire, longtemps fidèle à Montmartre, tourne le dos à la Butte et devient sergent recruteur de Montparnasse. Il invite tous les artistes à investir la nouvelle planète qui brille de tous ses feux au firmament des arts et lettres.

Le café de La Rotonde attire un melting-pot de peintres, de poètes, d'écrivains et d'hommes politiques français et d'ailleurs. Avec sa terrasse ensoleillée, son absence de tabous et sa réputation d'anticonformisme, cette brasserie, rachetée en 1911 par le père Libion, occupe le coin des boulevards Raspail et Montparnasse. Elle acquiert en quelques années une renommée internationale, devenant au moins aussi célèbre que la tour Eiffel.

« Autrefois, écrit le poète Jean Follain, le parapluie de Lénine s'égouttait au café de La Rotonde, Lénine qui aimait sa vieille mère et qui plein de passion et de flair devait émigrer en la Suisse jaboteuse avant de faire sa révolution et de finir en icône embaumée. »

En 1921, lors de la tournée européenne des acteurs associés de l'United Artists, Charlie Chaplin, Douglas Fairbanks et Mary Pickford se rendent le 19 septembre à La Rotonde, déjà réputée aux États-Unis. Leur arrivée à Montparnasse provoque une bousculade historique, chacun espérant approcher les vedettes du cinéma hollywoodien.

Le Dôme, situé juste en face, est aussi une véritable fourmilière internationale d'artistes : le café de Paul Chambon est la plaque tournante des peintres et des sculpteurs immigrés des pays de l'Est. Adopté comme maison commune, certains habitués y reçoivent même leur courrier envoyé du monde entier : « Le Dôme à Paris », cette seule adresse suffit.

La première exposition des « fauves », en 1905, agite le monde de la critique. Les œuvres de ces peintres aux couleurs coruscantes enflamment et animent les conversations dans les cafés de Montparnasse. La nouvelle peinture fait cligner les yeux à certains et passionne les amateurs américains qui s'installent à Paris. Les collectionneurs Leo et Gertrude Stein ouvrent un atelier au 27 rue de Fleurus, là où se retrouve l'élite des peintres des nouvelles tendances de l'art.

La romancière américaine Edith Wharton devient parisienne en achetant, en 1909, un appartement rue de Varenne. Scott et Zelda Fitzgerald sont à Paris en 1924 et Ernest Hemingway fait la connaissance de Scott un soir d'avril 1925 au Dingo, un bar de la rue Delambre. Leur amitié naîtra là. Une relation inconstante, souvent lunatique, Hemingway ressentant une admiration teintée de jalousie pour les premiers succès faciles de son ami, alors qu'à cette même époque il trimait et vivait chichement de ses articles sur le sport pour le *Toronto Star Weekly*.

Sara et Gerald Murphy, amateurs d'art et mécènes américains, « un couple en or », au dire de leurs nombreux amis, emportent, eux, leurs pénates à Antibes. Ils réveillent le petit village provençal endormi, font venir leurs amis Fitzgerald, Hemingway, Ezra Pound, Picasso, Stravinski… et tous ceux qui comptent dans le domaine des arts. Aux beaux jours, les Américains de Paris abandonnent peu à peu les terrasses des cafés de Montparnasse pour Antibes que Gerald, Sara et les enfants des Murphy font découvrir à Cole Porter et Rudolph Valentino...

En 1939, le son du canon et le bruit lointain des bottes annoncent la fin de la vie insouciante sous le soleil de la Côte d'Azur. Montparnasse se vide de sa faune cosmopolite la plus aisée, laissant les plus miséreux et les bohèmes à la merci de l'occupant.

La paix revenue, Montparnasse n'a plus le monopole du cœur des artistes. Même sa gare va s'effacer au profit d'une tour de plus de deux cents mètres. Le charme s'estompe, la place de Rennes devient la place du 18-Juin-1940. Montparnasse n'est plus dans Montparnasse.

Les égéries libertines, les poètes libertaires, les philosophes émigrent à Saint-Germain-des-Prés où le triangle d'or des cafés littéraires sort d'un rude hiver et brille maintenant de tous ses feux. « Les terrasses de café étaient gorgées de monde et, sur le boulevard Saint-Germain, circulaient en tous sens des jeunes femmes à bicyclette qui laissaient flotter derrière elles leur jupe comme des oriflammes », dira un témoin de ces jours ensoleillés de l'été 1944. Paul Morand rappelle: « Pendant la guerre, les rues de Paris ressemblaient à des allées du Père-Lachaise. »

La gaieté, un instant oubliée, revient dans les rues. Débarrassés des sinistres drapeaux rouge et noir claquant à leur fronton, les monuments de Paris retrouvent splendeur et fierté.

« Le vierge, le vivace et bel aujourd'hui »

Dans la liesse de la liberté retrouvée, on veut oublier un instant les horreurs qui endeuillent le monde : vingt-cinq millions de soldats tués sur les fronts de la guerre et quarante-deux millions de victimes civiles anéanties au cours du conflit. Le monde demeure stupéfait par la révélation des atrocités nazies tandis que les déportés, survivants des camps de la mort, retrouvent leur famille à l'hôtel Lutetia du boulevard Raspail.

Aux Deux Magots, l'heure est grave, Jean-Paul Sartre ne partage pas l'optimisme ambiant et déclare : « La guerre en mourant laisse l'homme nu, sans illusion, abandonné à ses propres forces, ayant enfin compris qu'il n'a plus qu'à compter sur lui. » Simone de Beauvoir, Jean Genet, Albert Camus… ne sont pas loin de le penser. « Celui qui désespère des événements est un lâche, mais celui qui espère en la condition humaine est un fou », écrit ce dernier. L'existentialisme va séparer Sartre de Camus mais pas leurs raisons de douter de la sagesse des hommes.

La nouvelle génération que fédère Boris Vian ne veut plus partager ce pessimisme ambiant et préfère se déchaîner dans les folles soirées des caves du quartier.

Pour le café des Deux Magots, une nouvelle page s'ouvre, faisant presque oublier les éminents personnages qui se sont assis sur ses banquettes de cuir bordeaux… Sur l'une de ses robustes tables d'acajou, que les successeurs d'Auguste Boulay n'ont jamais remplacées, Apollinaire griffonna un pneumatique à la comédienne Paula Valmont, le 8 août 1914, pour s'excuser d'un rendez-vous manqué. On a retrouvé cette précieuse relique, témoignage émouvant de l'époque. Elle est conservée, parmi tant d'autres, dans les archives du café.

On peut aussi s'émouvoir à la pensée que, jadis, Paul Verlaine s'est attablé ici pour siroter un verre en compagnie de Mallarmé. Le journaliste Henri Philippon, fondateur de la revue

Courte Paille, dont le siège social et la rédaction siègent aux Deux Magots, se souvient d'y avoir entraîné en 1934 le réalisateur de films animés Paul Grimault, les peintres Derain et Balthus, le scénariste Jean Aurenche, comme la troupe du *Rideau de Paris* de Marcel Herrand ou encore Jean Marchat qui répète alors *Le Coup de Trafalgar* de son ami Roger Vitrac. Ils sont tous à la terrasse où les attendent Maurice Raynal, Paul Caldaguès, André de Richaud, pour une détente joyeuse.

Deux ans plus tard, l'arrivée au pouvoir du Front populaire divise ses partisans et ses adversaires. En ce temps-là, le kiosque à journaux installé en face des Deux Magots est chaque jour le théâtre d'affrontements allumés par les manchettes agressives des quotidiens. Mais, au café, les discussions sur les nouveautés littéraires entre André Beucler et Léon-Paul Fargue sont d'un autre niveau.

Le dimanche, François Mauriac, sortant de l'office, s'amuse des joutes que se livrent les courriéristes littéraires sous les énigmatiques deux magots tandis que Jean Giraudoux vient chaque matin boire son chocolat maison, lire ses journaux, en grignotant des brioches qui passent pour être les meilleures de Paris.

Giraudoux, lui, habite momentanément rue du Pré-aux-Clercs et passe en voisin. Un profond désaccord conjugal lui fait fuir les scènes de ménage d'une Suzanne qui n'a plus rien de pacifique. Après son petit déjeuner au café, il se rend à son bureau, une annexe du Quai d'Orsay du côté de la place Victor-Hugo. Il n'est encore que le romancier de *Suzanne et le Pacifique* (1921), *Siegfried et le Limousin* (1922), *Juliette au pays des hommes* (1924).

Sa rencontre avec Louis Jouvet sera déterminante pour le succès de son œuvre, qui trouve une part de son inspiration dans la tragédie antique, humanisant les dieux, les manipulant comme des marionnettes. Giraudoux actualise les drames des grands tragiques en s'efforçant de mieux saisir les inquiétudes contemporaines. Son théâtre poétique et précieux demeure un message de sagesse et d'espoir. Accaparé par le théâtre de l'Athénée, ce grand rêveur, suivi de Puck, son fidèle caniche, émigre dès lors quelque part entre Saint-Lazare et l'Opéra, loin du village germanopratin.

Les lauriers contre la mauvaise herbe

On peut voir, sous l'une des statuettes de mandarin, une photo immortalisant un événement mémorable : la remise du premier prix des Deux Magots, le 7 décembre 1933.

Mais qui a eu cette drôle d'idée de créer un prix au sein de ce café ?

Alors qu'il est attablé ce même jour en compagnie de Roger Vitrac, Charles Martyne, le bibliothécaire de l'école des Beaux-Arts, voit passer sur le boulevard les vendeurs de journaux criant le nom d'André Malraux, lauréat cette année-là du prix Goncourt pour *La Condition humaine*. Pourquoi, se dit-il, les prix littéraires se donnent-ils tous sur la rive droite ? Et si nous faisions, nous aussi, un prix littéraire, suggère Vitrac, avec un jury composé de nos amis, les poètes et les écrivains, tels que

Jacques Baron, Michel Leiris, André de Richaud, Armand Megglé, Georges Ribemont-Dessaignes, André de Richaud, Gaston Louis, ainsi que Charles Martyne et Henri Philippon. Ils conviennent avec les peintres André Derain, Alfred Janniot, appelés à la rescousse, de se réunir le soir même. Chacun versera une participation de cent francs pour doter le prix, la somme totale de mille trois cents francs sera remise à l'heureux lauréat.

À l'issue d'un vote à mains levées, le premier prix des Deux Magots est attribué à un jeune écrivain, Raymond Queneau, pour son roman *Le Chiendent*, paru chez Gallimard. Le futur auteur de *Zazie dans le métro* ou d'*Exercices de style* pose au milieu d'un jury de prestigieux Germanopratins. On reconnaît sur le cliché le lauréat assis près de Georges Ribemont-Dessaignes, peintre et écrivain, ami de Duchamp et de Picabia. En face d'eux Roger Vitrac, auteur dramatique, du *Coup de Trafalgar* puis de la comédie *Victor ou les Enfants au pouvoir*, où un enfant de neuf ans préfère mourir plutôt que de grandir et devenir ridicule comme les adultes. Bousculant les traditions boulevardières par son humour grinçant, la pièce, proche du surréalisme, est accueillie froidement lors de sa création à la Comédie des Champs-Élysées en décembre 1928. Elle triomphera après la guerre à chacune de ses reprises.

Le lendemain, le propriétaire des lieux, Auguste Boulay, apprend par la presse la création d'un prix littéraire portant le nom de son établissement. Il aurait pu en tenir rigueur à ses illustres clients, mais, bien au contraire, il félicite Henri Philippon, nommé secrétaire général du prix par ses confrères, pour cette excellente initiative. Et lui fait part de son désir de doter le prix personnellement. Ils sont nombreux à avoir ressenti pour Henri Philippon une grande sympathie. C'est lui qui, durant quarante ans, fut l'âme du prix des Deux Magots.

André Salmon brosse un tendre portrait de son ami, dévoué militant de la littérature contemporaine : « Il ne profite de rien, pas même de ses abondantes belles relations, toujours occupé de ce qui donnerait des chances à autrui, éditeur de revues éphémères qu'il créa dans le seul but de servir la renommée de ses amis écrivains. »

Et l'auteur d'ajouter dans ses *Souvenirs sans fin* : « Philippon est le véritable inventeur de Saint-Germain-des-Prés, son animateur, bien avant que Simone de Beauvoir à une table du Flore et Jean-Paul Sartre installé devant une autre aient montré aux badauds ce que c'est d'écrire des choses durables, dans une cage de verre, quand on est en possession de la vérité nouvelle, jusqu'à faire du vieux garçon Pascal un loufiat existentialiste avec droit à son portrait en veste blanche dans les journaux et magazines. »

Depuis quatre-vingt-dix ans, le jury se réunit plusieurs fois à l'automne afin de sélectionner les ouvrages qui participeront à la compétition. Le jour du vote définitif, les délibérations sont tenues au milieu du public, le président du jury annonce alors dans le brouhaha du café le nom du lauréat. Le cocktail qui suit réunit de nombreuses personnalités des arts et des lettres. Ovationné à son arrivée, le lauréat, pressé par les journalistes et les photographes, reçoit des mains du patron des Deux Magots le montant de sa récompense.

Depuis Raymond Queneau, nombreux sont les jeunes auteurs découverts grâce à ce prix et bien des écrivains lui sont redevables de ce coup de projecteur, parfois décisif pour leur avenir littéraire : Henri-François Rey, Bernard Frank, Sébastien Japrisot, Albert Simonin, Marc Lambron, Geneviève

Dormann, Jean-Claude Pirotte, Michel Crépu, Kéthévane Davrichewy, Julie Wolkenstein et tant d'autres…

Personne n'a oublié le prix attribué à Antoine Blondin en 1950. Le gamin de vingt-huit ans a époustouflé les jurés avec son tout premier roman, *L'Europe buissonnière*, portant sur un sujet grave, la guerre, mais raconté autrement, avec ce ton drôle et impertinent qui le caractérisait.

Cinq ans plus tard, *Histoire d'O* est choisi par le jury. Signé par une certaine Pauline Réage, pseudonyme, dit-on, d'une respectable employée de la NRF, le roman fait scandale avec son érotisme pervers et raffiné. En 1994, Dominique Aury, longtemps compagne de Jean Paulhan, avouera en être l'auteure. Mais, à l'époque, pas question de dévoiler son identité. Le jour de la remise du prix, ne pouvant être présente, elle sera remplacée par une jeune et troublante inconnue, voilée consciencieusement par Raymond Queneau et André Salmon. Une apparition qui régalera photographes, journalistes et simples spectateurs.

En 1982, François Weyergans est couronné pour son *Macaire le Copte*. Bien que se sachant finaliste, l'insoucieux romancier dormait tranquillement chez lui au moment de l'annonce de sa victoire. On dut se rendre à son domicile le tirer de son lit pour qu'il se précipite en toute hâte aux Deux Magots. Et il arriva bel et bien… en pyjama. Plus tard, c'est en vert, épée au côté, qu'il allait siéger, quelquefois, à l'Académie française.

Retour sous les mandarins apocryphes

En juin 1944, une fois le contrôle des plages assuré par les militaires, Hemingway débarque à son tour sur le sable normand. Le haut commandement des armées alliées avait ordre de protéger la vie de l'écrivain, dont la renommée était un fleuron de la littérature d'outre-Atlantique.

Lorsqu'il déboule aux Deux Magots, sanglé dans son uniforme kaki à boutons dorés, Hemingway a déjà libéré Paris à sa manière en envahissant le bar du Ritz – qui, depuis, a été rebaptisé de son nom – puis est parti clamer la victoire rue de l'Odéon auprès de ses amies les libraires Sylvia Beach, de la Shakespeare and Cie, et Adrienne Monnier, muse de la Maison des Amis des Livres. Deux altruistes qui avaient la générosité de lui offrir autant de livres qu'il désirait. Il retrouve enfin aux Deux Magots Janet Flanner, en uniforme de correspondante de guerre du *New Yorker.*

Ensemble, ils se souviennent de Montparnasse, évoquent les folies extravagantes de leur ami Fitzgerald et sa triste fin à l'âge de quarante-quatre ans. Ce pauvre Scott qui, après une éphémère gloire littéraire, a achevé sa vie dans la misère et les drames familiaux. Mais l'heure est à boire et on sait que rien n'arrête Ernest ! Janet Flanner lève son verre avec lui.

Auteure des fameuses chroniques *Letters from Paris* de 1925 à 1939, elle a fréquenté le Tout-Paris. Son rédacteur en chef, Harold Ross, l'avait prévenue : « Je me fous de votre ressenti, je veux savoir ce que pense Paris. » Il a été servi. Janet, sous le pseudonyme de Genêt, a raconté Montparnasse, brossé des portraits percutants d'Adolf Hitler, de Pablo Picasso, d'Albert Camus ou de Jean-Paul Sartre. Saint-Germain-des-Prés est l'un de ses royaumes. Les Deux Magots, son Q.G. Y a-t-elle croisé sa compatriote, Jacqueline Lee Bouvier, étudiante de dix-sept ans, future *First lady*, lorsqu'elle venait réviser ses cours et rêver de son avenir en compagnie de son *boyfriend* Paul de Ganay ?

Le réveil de Saint-Germain-des-Prés

Le grand marché couvert, construit au début du XIXe siècle par les architectes Blondel et Lusson sur les ruines de la célèbre abbaye de Saint-Germain, a plus ou moins contribué à relancer le vieux quartier, foyer religieux de la vie conventionnelle de Saint-Germain-des-Prés. En ces années d'après-guerre, le commerce réanime le village somnolant que tourneboulaient jadis les parades de la foire Saint-Germain. Le quartier, voué à l'édition et à la librairie, voit la mode franchir à nouveau la Seine et envahir la rive gauche de ses nippes minables et de ses frusques de luxe.

Tout est à réinventer, journaux, quotidiens, hebdomadaires, revues, théâtre, chansons comme les arts plastiques. « Jean Sol Partre » est en marche vers la gloire. « Après Passy, la province, puis l'étranger vinrent coller leur nez aux vitres », s'étonne Antoine Blondin. Dans les caves métamorphosées en cabarets ou dans les cafés historiques du quartier, la gaieté s'installe chaque soir pour célébrer la joie de vivre.

C'est ce qu'a si bien raconté le poète, écrivain et auteur dramatique Léo Larguier (1878-1950), de l'académie Goncourt, injustement oublié aujourd'hui, qui a été l'une des figures les plus authentiques du quartier. Auteur de *Saint-Germain-des-Prés, mon village*, ce sage ermite, comme on le surnommait alors, a vécu la plus grande partie de sa vie au cinquième étage d'un vieil immeuble de la rue Saint-Benoît au milieu de ses livres et de ses tableautins chinés au marché aux Puces de Saint-Ouen.

Il n'aime guère les choses qui sont nées après 1900 et, quand il passe sur le boulevard, les badauds croient voir ressuscité un Alfred de Vigny, un Victor Hugo ou un Théophile Gautier.

Larguier vit dans son petit monde, entouré, croit-il, de merveilles. André Salmon, l'auteur et critique d'art, qui ne l'aime pas, se souvient lui avoir rendu visite rue Saint-Benoît pour voir ses collections. Le récit qu'il en fait est cruel.

« On trouvait là sous d'anciennes belles reliures en état déplorable de célèbres dictionnaires, tous incomplets, à l'un manquant la lettre A, à l'autre la lettre Z. [...] Quant à la peinture, c'était une douzaine de petites horreurs accrochées sur une portion de mur que ne couvrait pas la bibliothèque. C'était n'importe quoi. Ça ne ressemblait à rien. Alors dans un geste magnifique, Léo Larguier m'a dit : "Ça, c'est mes Rowlandson !" J'en demeurai stupide, il ajouta : "La dot de ma fille." Pauvre fille ! »

Pendant sa promenade quotidienne, l'anachorète de la rue Saint-Benoît éloigne de sa canne les gamins et les chiens, puis s'attable parfois au café des Deux Magots en compagnie de son confrère et ami Francis Carco. L'univers de Larguier ne dépasse pas les limites de Saint-Germain-des-Prés.

Il écrit : « Si l'on voulait flâner dans ce quartier, on y passerait sa vie, on pourrait louer une chambre d'étudiant de ces innombrables hôtels balzaciens, acheter des cahiers et de l'encre chez les papetiers [...] et on écrirait là non seulement la plus belle histoire de

Paris, mais les plus grands chapitres de l'histoire de France. »

Larguier ne quitte sa chère rive gauche que pour se rendre chez Drouant le jour de l'attribution du prix Goncourt. Personnage hautement pittoresque, ce promeneur émerveillé n'est pas concerné par l'accès de fièvre existentialiste qui sévit à Saint-Germain-des-Prés. Sa rue Saint-Benoît, autrefois provinciale et paisible, est devenue l'une des artères les plus animées de la vie nocturne parisienne.

Passage obligé entre la rue Jacob et le boulevard Saint-Germain, ses bars et ses restaurants accueillent chaque soir des touristes venus du monde entier. Les nuits de Saint-Germain-des-Prés connaissent des bœufs magistraux donnés par les plus grands jazzmans américains de passage à Paris à l'invitation de Boris Vian.

Larguier supporte mal les braillements alcoolisés des nuits effrénées d'une jeunesse affranchie de la tutelle des parents, encore moins les touristes qui, scrutant les terrasses des cafés, tentent d'apercevoir Jean-Paul Sartre ou Juliette Gréco, réfugiés à l'abri des curieux dans les bars discrets du Décameron ou du sous-sol de l'Hôtel du Pont-Royal.

Décidément, cette époque n'est plus celle de l'ermite de Saint-Germain-des-Prés. Le 31 octobre 1950, alors que la fête bat son plein, Larguier laisse ce soir-là, sans regret, ce qui était devenu pour lui un enfer et gagne le paradis.

En avant la jeunesse

Après-guerre, une foule de curieux envahit les terrasses des cafés de Saint-Germain-des-Prés pour humer le parfum d'un existentialisme déclinant. Les anciens fidèles sortent de la clandestinité où les avait condamnés l'Occupation allemande pour retrouver leurs habitudes de consommateurs chevronnés. Les maîtres du barreau Henry Torrès et Maurice Garçon, les compositeurs Henri Sauguet et Maurice Yvain, les cinéastes René Clair et André Cayatte, les frères Prévert. D'autres, hélas, ne reviendront plus. Disparus Max Jacob, Robert Desnos, Jean Giraudoux, Jean Prévost, Robert Denoël, Léon-Paul Fargue…

En 1946, Jean-Paul Sartre donne sa fameuse conférence « L'existentialisme est un humanisme » en présence de l'intelligentsia parisienne. Pour la jeunesse, conquise, Sartre lance plus une mode qu'un concept philosophique. Antoine Blondin se gausse de cet enthousiasme subit. Il trace le portrait du philosophe et de sa muse, Simone de Beauvoir : « Un agrégé replet et une amazone altière, dit-il, troussaient des concepts en toute simplicité à deux pas du croquant, comme on fabrique des gaufres. Jamais la métaphysique ne parut plus prochaine, peut-être était-on “existentialiste” sans le savoir ? »

Est-ce pour effacer les sinistres jours de la guerre que des jeunes gens, à peine sortis de l'adolescence, s'ébrouent soudainement à Saint-Germain-des-Prés ? Les anciennes caves métamorphosées en cabarets ou les cafés historiques du quartier résonnent de musique.

Chassés de l'Hôtel des Carmes, où les accueillait depuis 1946 Mme Perrodo, sa propriétaire, les Lorientais [1] descendent la montagne Sainte-Geneviève et quittent le Ve arrondissement pour atterrir à Saint-Germain-des-Prés. Ils sont sept jeunes musiciens réunis par Claude Luter, un grand et solide gaillard

1. Du nom de la ville natale de l'hôtelière qui reversait une part des bénéfices pour la reconstruction de Lorient détruite par les bombardements.

de vingt-trois ans, autodidacte ayant appris à jouer de la clarinette et du saxophone soprano à l'adolescence en écoutant les disques des plus grands jazzmans américains.

Chaque après-midi, de cinq à sept, les Lorientais jouaient dans la cave de l'hôtel transformée en une sorte de bar-dancing. Étudiants, lycéens et bohèmes du quartier s'y précipitaient pour écouter les standards du jazz d'outre-Atlantique et boire du Coca-Cola, la boisson à la mode débarquée en même temps que les troupes américaines sur le continent.

Entendant leur musique, Hugues Panassié, critique, producteur et pape du jazz, est bluffé : « Je me suis cru au début du siècle dans le quartier noir de La Nouvelle-Orléans. » La rumeur court dans Paris que, dans un lieu insolite, on écoute du jazz, musique tant honnie pendant l'Occupation.

L'intelligentsia, toujours à l'affût de la nouveauté, se précipite dans le caveau de la montagne Sainte-Geneviève pour s'encanailler et swinguer. Certains soirs, Jean-Paul Sartre et Simone de Beauvoir y retrouvent Jacques Prévert, Raymond Queneau, Paul Éluard, Albert Camus, Alberto Giacometti… et Boris Vian, l'écrivain-musicien, curieux d'entendre jouer la jeune formation de Claude Luter, un sérieux concurrent pour son orchestre du Tabou de la rue Dauphine.

Les parents des élèves des collèges et lycées alentour s'inquiètent en apprenant que leur progéniture sèche les cours pour venir s'entasser, chaque fin d'après-midi, dans cette cave, boire du Coca-Cola et danser sur les rythmes effrénés de la musique des Lorientais.

On ne badine pas avec l'avenir de ses enfants. Après moult interventions auprès des édiles municipaux, l'autorité parentale fait fermer le lieu sur ordre de la préfecture de police. Les récréations jazzy de la montagne Sainte-Geneviève sont terminées, mais les Lorientais sont bien décidés à poursuivre leurs soirées de *jam-sessions*. Ils débarquent à Saint-Germain-des-Prés à la recherche d'un local pour exercer leur talent.

Sidney Bechet est à Paris, il n'est pas pressé de rentrer aux États-Unis où respirent toujours les relents de ségrégation raciale. Après ses anciens démêlés avec la justice française pour quelques horions dans les bars de Pigalle, Sidney s'est installé à Montmartre. Il connaît bien la France, il aime sa capitale depuis longtemps. N'avait-il pas en 1925 accompagné

Joséphine Baker et la troupe de la Revue nègre à Paris ?

Il rencontre les jeunes Lorientais qui ont enfin trouvé leur lieu : grâce à son propriétaire, Paul Annet Badel, ils ont accès en 1949 à la cave du théâtre du Vieux-Colombier. Les nouveaux amis vont faire les beaux soirs des amateurs de jazz de Saint-Germain-des-Prés sous l'autorité du grand musicien de jazz. Mais, avant d'accepter de jouer avec eux, Bechet les auditionne et se montre sévère sur leur façon de jouer : « Vos interprétations et votre style sont exécrables ! » leur lance-t-il. Les Lorientais tombent de haut, eux qui pensaient avoir atteint un excellent niveau.

Bien plus tard, Claude Luter racontera que Bechet lui lâcha même froidement : « Toi et tes copains vous êtes nuls, alors, travaillez, reprenez tout à zéro si vous voulez que l'on travaille ensemble. » Les moins susceptibles, ceux qui décident de suivre Luter dans cette aventure nouvelle ne vont pas le regretter ; ils auront la satisfaction et la fierté d'entendre Bechet leur dire un jour : « C'est bon les gars ! »

Les Lorientais finissent par devenir la formation de jazz la plus connue de Paris : le Club du Vieux-Colombier. Leur mentor leur donne l'occasion de côtoyer leurs idoles, les Louis Armstrong, Charlie Parker, Kenny Clarke, Dizzy Gillepsie, Miles Davis, Count Basie, Errol Garner, Earl Hines, Barney Bigard, Lionel Hampton, Duke Ellington et consorts que Boris Vian invite à venir des États-Unis au Club Saint-Germain ou dans les grands festivals de jazz internationaux.

Chaque soir, le quartier résonne de musique et de chansons dans les nombreux cabarets ouverts rive gauche. La Rose Rouge de Nikos Papatakis, rue de Rennes ; Le Tabou de Boris Vian, rue Dauphine ; le Club de l'Hôtel Saint-Yves, rue de l'Université ; Le Bar Vert et L'Échelle de Jacob dans la rue éponyme ; La Fontaine des Quatre Saisons des frères Prévert, rue de Grenelle… et tant d'autres plus ou moins éphémères. C'est l'époque où les chansons prennent la parole : Juliette Gréco chante Prévert et Queneau, Léo Ferré des poèmes d'Apollinaire, Francis Lemarque compose des rengaines sur mesure pour Yves Montand…

Boris Vian, l'auteur pacifiste du tour de chant, manifeste ouvertement son aversion pour la guerre d'Indochine en confiant à Marcel Mouloudji le soin d'interpréter la fameuse chanson *Le Déserteur.* Une adresse au président de la République pour mettre fin aux combats. Le 7 mai 1954, alors qu'il l'interprète sur la scène du Théâtre de l'Œuvre, on apprend la chute de Diên Biên Phu. Vian et Mouloudji seront privés d'antenne audiovisuelle jusqu'en 1962.

Y a-t-il un après à Saint-Germain-des-Prés ?

« Nous sommes étrangers / À Saint-Germain-des-Prés », chante Juliette Gréco. Comment ne ne rien ressentir à l'écoute d'*Il n'y a plus d'après*, cette chanson écrite par Guy Béart en 1960, qui raconte sans emphase la fin d'une époque ?

La poussée de fièvre culturelle d'après-guerre et celle des premières années des Trente Glorieuses ont participé à la renaissance du quartier. Mais la joie de vivre, l'activité intellectuelle, le cosmopolitisme littéraire sans précédent n'ont pas toujours été, hélas, suivis de jours sereins. La mauvaise conjoncture économique et sociale, les échos des guerres dans le monde, le terrorisme sauvage frappant jusqu'au cœur même de Paris, plombent le présent.

Le quartier s'est métamorphosé. Librairies et galeries d'art se font plus rares, et les loyers prohibitifs n'encouragent guère la création de nouveaux centres d'intérêt culturels. Les frais généraux sont expansibles et la lecture sur tablette électronique est une menace sérieuse pour le livre-papier. Aujourd'hui, une clientèle chic et raffinée se presse dans les enseignes de luxe qui se sont multipliées.

Et pourtant, des lieux emblématiques perdurent…

Au déjeuner ou au dîner, la Brasserie des Bords du Rhin (ancien nom de Lipp) a toujours la même aura. Sa clientèle de parlementaires bedonnants de l'ancienne Chambre des députés se fait plus rare, mais Lipp continue d'attirer les célébrités venant savourer sa choucroute légendaire. Plus que jamais, les étrangers de passage à Paris font un détour par cette adresse. Ne va-t-on pas y souper, comme on va visiter la tour Eiffel, l'arc de Triomphe, le Louvre ou Notre-Dame ?

Les Deux Magots et le Flore offrent de leur côté de quoi rassasier les appétits, grâce à une cuisine gourmande mais simple, et à un service impeccable.

Ceux qui aiment rôder autour du vieux clocher de l'église – consacrée en l'an 558 par l'évêque Saint-Germain – peuvent compter sur Saint-Germain-des-Prés pour leur apporter un grain de folie, une once de gaieté, une pincée de fantaisie, un soupçon de poésie, un brin de culture, mais surtout une ardente joie de vivre, et un réel sentiment d'épanouissement et de bonheur.

Le rythme des époques, la fuite des années, le caprice des saisons, les tocades de la mode ne sauraient, pas plus demain qu'hier, altérer le charme infini de cet atoll protégé du maelström assourdissant de Paris.

« Saint-Germain-des-Prés est une île, note Boris Vian, à cette nature insulaire elle doit l'humidité de son climat, l'abondance de ses débits de boissons, et le développement de ses rivages qui, s'ils ont parfois reçu des noms sans rapport avec leur configuration, permettent néanmoins aux habitués de s'y reconnaître. »

En s'installant à l'une des terrasses du café des Deux Magots, on peut observer le défilé des passants. Il est si réjouissant de n'avoir pas à se mêler à tous ces gens pressés aux visages graves et aux regards inquiets, se hâtant vers on ne sait quel rendez-vous d'affaires ou, pourquoi pas, galant.

Affranchi de toute corvée, de toute obligation, jouissant d'un paisible repos, à cette place privilégiée où les intrus, les solliciteurs, les créanciers sont censés ne pouvoir vous atteindre. Comme il est doux, aux premiers rayons de soleil du printemps, de savourer quelques instants de farniente face à l'éternel clocher tutélaire.

« Paris sera toujours Paris » : René Mathivat, le gendre et successeur d'Auguste Boulay, puis son fils Jacques, et enfin sa petite-fille Catherine ont fait leurs les paroles de Mistinguett. Saint-Germain-des-Prés est en grande partie demeuré le quartier des artistes grâce à eux. Entrez donc dans le café puis regardez autour de vous. Dans un coin, sous les sculptures légendaires des mandarins, Alphonse Allais, Jean-Paul Sartre, Robert Desnos et Pablo Picasso vous attendent pour lever leur verre à la santé des Deux Magots.

Table des matières

Sources

P. 27-28 : Gisèle Freund, *Le Monde et ma caméra*, Éditions Denoël, 1970, 2006.

P. 28, 99-100, 107 : André Salmon, *Souvenirs sans fin (1903-1940)*, Éditions Gallimard, 1955, 2006.

P. 46-48 : Alexandre Arnoux, *Paris-sur-Seine, féerie des vingt arrondissements*, Éditions Grasset & Fasquelle, 1939.

P. 67 : Paul Morand, *1900*, Éditions Flammarion, 1931.

P. 83 : Louis Aragon, *Une vague de rêves*, Éditions Seghers, 1990.

P. 84 : Alice Halicka, *Hier (Souvenirs)*, Éditions du Pavois, 1946.

P. 88 : Blaise Cendrars, « La Prose du Transsibérien et de la petite Jeanne de France », *Du monde entier au cœur du monde*, Éditions Denoël, 1947, 1963, 2001, 2005, 2022. Extrait du volume 1 de *Tout autour d'aujourd'hui*, nouvelle édition des œuvres complètes de Blaise Cendrars dirigée par Claude Leroy.

P. 93 : Jean-Paul Sartre, *Revue des Temps Modernes*, octobre 1945.

P. 94 : Albert Camus, *Carnets, tome 1 : Mai 1935 – Février 1942*, Éditions Gallimard, 1962.

P. 105-106, 111 : Antoine Blondin, *Ma vie entre des lignes*, Éditions de La Table Ronde, 1982, 2022.

P. 119 : Boris Vian, *Manuel de Saint-Germain-des-Prés*, Éditions du Chêne, 1974.

Œuvres de Jean-Paul Caracalla *(suite)*.

AUX ÉDITIONS FLAMMARION

Saint-Germain-des-Prés
Le Paris de Jacques Prévert
Les Champs-Élysées
Le Goût du voyage, de l'Orient-Express au train à grande vitesse

CHEZ DIVERS ÉDITEURS

Voyages, préface de Pierre-Jean Remy (Olivier Orban)
L'Art du Sud – Provence-Côte d'Azur (Image-Magie)
Normandie, préface de Malcolm Forbes (Image-Magie)
Vivre Paris, préface de Jacques Laurent (Mengès)
Les Exilés de Montparnasse, 1920-1940 (Gallimard)
Les Fabuleuses Histoires des trains mythiques (Le Rocher)

Cet ouvrage a été achevé d'imprimer par Novoprint (Barcelone) en août 2023, pour le compte des Éditions de La Table Ronde.

Dépôt légal : septembre 2023.
N° d'édition : 611763.
ISBN 979-10-371-1280-4
ISSN 1160-3100

Imprimé en Espagne.